高职高专“十三五”规划教材

财经管理系列

会计综合实训

罗佛如　郭海霞　主　编
李晓波　徐祥龙　副主编

化学工业出版社
·北京·

本书是高职高专会计专业实训教材。本书以突出财务工作实务为指导思想，以一个制造类企业的常见经济业务为原型，提供企业仿真原始凭证，由出纳岗、总账会计岗、成本会计岗和会计主管岗4个岗位，通过团体协作的方式，综合模拟企业一个月经济业务的会计处理方法和处理流程。本书由6个项目，18个任务构成，涉及基础会计、企业财务会计、成本会计、税费计算与申报、财务管理与分析、管理会计等会计专业基础课和核心课程，具体内容包括企业背景资料、建账、会计业务核算与处理、登记账簿、编制财务报表、主要财务指标分析、主要税费的计算与申报、管理会计等，具有较强的综合性和实用性。

本书是按照“营改增”“管理会计”等最新财税政策进行编写的，所有增值税原始凭证的税率均按照最新税务政策进行设计，具有较强的时效性。

本书可作为高等职业院校会计等经济管理相关专业的会计综合实训（毕业设计与答辩）课程教学用书，也可作为全国职业院校会计技能大赛的赛前辅导用书。

图书在版编目（CIP）数据

会计综合实训/罗佛如，郭海霞主编．—北京：化学工业出版社，2018.8（2021.8重印）

ISBN 978-7-122-32547-1

Ⅰ.①会…　Ⅱ.①罗…②郭…　Ⅲ.①会计学-高等职业教育-教材　Ⅳ.①F230

中国版本图书馆CIP数据核字（2018）第145368号

责任编辑：王　可　蔡洪伟　于　卉　　　装帧设计：张　辉
责任校对：边　涛

出版发行：化学工业出版社（北京市东城区青年湖南街13号　邮政编码100011）
印　　装：涿州市般润文化传播有限公司
787mm×1092mm　1/16　印张$13^1/_4$　字数323千字　　2021年8月北京第1版第2次印刷

购书咨询：010-64518888　　　售后服务：010-64518899
网　　址：http://www.cip.com.cn
凡购买本书，如有缺损质量问题，本社销售中心负责调换。

定　　价：49.00元

全国高等职业教育经管类专业教材建设工作分委员会委员名单

前　言

国家非常重视职业技能大赛，从 2012 年起，由教育部主办的全国职业院校技能大赛已经在全国举办过五年，作为职业教育成果的展示平台，职业技能大赛引领着高职院校教学改革的新方向，特别是在“双师型”教师培养和专业人才培养方案调整上产生了巨大影响。为巩固已有的成果，现阶段，教育部已经编制 2017—2020 年全国职业院校技能大赛四年规划，职业院校技能大赛得到了国家层面和高职院校的高度重视。在职业院校技能大赛的大环境下，财经类（高职）会计技能赛项作为全国职业院校技能大赛之一，高职院校的会计专业建设将面临巨大的挑战。开发以就业为导向、实操能力为本位的综合实训教学内容，不断提高其针对性和适用性将成为未来几年会计专业教学改革的制高点。基于以上目的，本书具有如下特点。

（1）教材突出了会计手工业务处理职业能力的培养要求，满足了应用型会计人才培养的基本需求。会计手工业务处理综合实训内容涵盖基础会计、企业财务会计、成本会计、税费计算与申报、财务管理与分析、管理会计等会计专业基础课和核心课程，会计手工业务处理综合实训教学内容按出纳岗、总账会计岗、成本会计岗和会计主管岗等岗位进行职业能力训练。

（2）教材内容体系新颖，反映最新的职业院校技能大赛财经类（高职）会计技能赛项教学成果。教材内容按照项目教学的体系进行设计，完全按照“营改增”政策实施以后的企业经济业务设计综合实训教学内容，所有增值税原始凭证的税率均按照最新税务政策进行设计，教材项目六增加管理会计内容，同时，教材内容按照学生未来毕业后的就业方向，区分制造类企业业务和商贸类企业业务（会计综合实训内容为制造类企业业务），以仿真原始凭证提供企业一个月的经济业务，具有较强的实用性、针对性、综合性和时效性。

（3）教材内容按会计岗位进行设计，充分发挥了“以赛促教、以赛促学、以赛促改、以赛促建”的导向功能。教材以全国职业院校技能大赛财经类（高职）会计技能赛项为抓手，对会计专业人才培养方案中实训教学内容进行改革，大力培养具有“双师型”“综合型”的技能大赛指导老师，以有效提高实践教学质量水平。教材内容能充分调动学生学习专业课程的积极性和主动性，提高实践动手能力，培养团队协作精神，实现学生的全面发展。

本教材是内蒙古化工职业学院罗佛如老师主持的2016年内蒙古自治区高等学校科学研究项目“职业技能大赛引领下会计电算化专业综合实训教学内容研究”（项目编号：NJSY16415）阶段性研究成果之一。

本书由内蒙古化工职业学院罗佛如、郭海霞担任主编，内蒙古化工职业学院李晓波、徐祥龙担任副主编，内蒙古化工职业学院白春瑞、孔祥婧、内蒙古机电职业技术学院苏娜参与编写。具体分工为罗佛如编写项目一、项目二、项目三，郭海霞编写项目四，李晓波编写项目五，徐祥龙编写项目六，白春瑞、孔祥婧、苏娜主要负责收集和整理资料、制作教材PPT等工作。

本书得到了厦门网中网软件有限公司、内蒙古岳峰会计师事务所（普通合伙）、内蒙古明法度税务师事务所有限责任公司等校企合作单位的大力帮助和支持，在此深表谢意。

由于编者水平有限，对实际工作研究不够全面，书中难免存在疏漏和不当之处，在此我们期待使用本书的教师和学生不吝指正，以便今后不断完善。任课教师和学生在使用教材的过程中如有任何反馈建议，请发至554305462@qq.com邮箱。

编 者

2018年5月

目　录

项目一

企业背景资料

任务一　企业基本情况

内蒙古沃达阀门有限公司成立于2013年7月1日，属于科技型中小企业，主要从事各种型号阀门的生产和销售。公司当前主要生产两种型号的阀门，分别为铸铁阀门和铸铜阀门。

一、公司注册资料

公司注册名称：内蒙古沃达阀门有限公司。

公司注册地址、电话：呼和浩特市新城区兴安北路365号，0471-5638889。

公司注册资本：人民币1000万元。

公司法定代表人：谌沃达。

公司总经理：王光辉。

公司经营范围：主要从事各种型号阀门的生产和销售。

二、公司账户资料

（一）基本存款账户

交通银行呼和浩特润宇支行，账号：1500057133524738443316。

（二）一般存款账户

交通银行呼和浩特金桥支行，账号：1500073114599356266687。

（三）工资账户

交通银行呼和浩特润宇支行，账号：1500064377068185552965。

（四）住房公积金账户

交通银行呼和浩特润宇支行，账号：1500067226655346943335。

（五）银行预留印鉴（图1-1）

三、纳税登记资料

主管国税机关：呼和浩特市新城区国家税务局。纳税登记号：91150105573286085C。缴款账户：国家金库呼和浩特市新城支库。账号：1503291366236249837。

主管地税机关：呼和浩特市新城区地方税务局。纳税登记号：91150105573286085C。缴款账户：国家金库呼和浩特市新城支库（代理）。账号：15051W9122843。

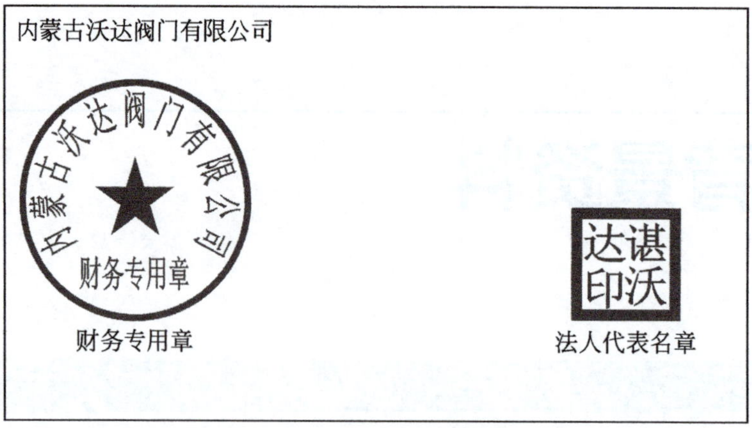

图 1-1 公司银行预留印鉴

任务二 企业财务制度

为了提高会计工作实务质量，内蒙古沃达阀门有限公司依据《企业会计准则》《企业内部控制基本规范》《会计基础工作规范》等财经法规设计企业财务制度。

一、公司财务工作组织及分工

公司单独设置财务部门，划分为会计主管、总账会计、成本会计、出纳四个工作岗位，具体分工如下。

会计主管——邢伯文，职责：领导和组织公司会计核算工作；负责审核会计凭证、对账和编制财务报表；负责保管财务专用章；负责编制科目汇总表，登记总账；负责编制纳税申报表及网上报税；组织会计档案的整理和保管；组织财产清查等。

总账会计——孙娟，职责：编制除产品成本业务之外的其他业务的会计凭证；登记明细账（“生产成本”“制造费用”明细账除外）等。

成本会计——林桂英，职责：进行产品成本核算，编制成本计算原始凭证，编制产品成本业务记账凭证，登记“生产成本”“制造费用”明细账，编制成本报表，进行成本分析等。

出纳——牛唐露，职责：负责办理库存现金、银行存款收款、付款及银行结算其他业务；保管库存现金、有价证券及法人代表名章；登记库存现金日记账、银行存款日记账；配合清查人员进行库存现金、银行存款清查等。

二、公司会计核算方法及财务管理制度

（1）公司以人民币为记账本位币（核算中金额计算保留至分位），记账文字为中文。会计核算采用科目汇总表账务处理程序。

（2）公司为增值税一般纳税人，销售产品增值税税率为16%。公司当期取得的增值税专用发票，按照现行增值税制度规定当期准予抵扣的，均已认证且于当期抵扣。

公司适用的城市维护建设税税率为7%，教育费附加征收率为3%，地方教育附加征收

率为2%。

公司车船税、房产税和土地使用税均按规定计算缴纳。

公司按规定代扣代缴个人所得税。

公司企业所得税税率为25%，并假设这一税率适用于未来可预见的期间，公司不享受其他税收优惠政策。企业所得税的核算采用资产负债表债务法。企业所得税缴纳采用按季预缴，按年汇算清缴的方式，公司以前年度的企业所得税假设已进行汇算。

为简化核算，不考虑除上述税费以外的其他税费。

（3）公司原材料、周转材料、库存商品采用实际成本法组织日常核算，发出原材料、周转材料、库存商品采用全月一次加权平均法计价。

原材料发出业务，于月末根据“领料单”编制“发料凭证汇总表”“车间直接材料费用分配表”，并据以进行原材料出库业务的总分类核算。

（4）坏账损失的核算

公司应收账款坏账准备采用账龄分析法估计，为简化核算工作，假定其他的应收款项不计提坏账准备。不同账龄计提坏账准备的比例如表1-1所示。

表1-1 不同账龄计提坏账准备比例

账龄	未到期	逾期 1～90天	逾期 91～270天	逾期 271～360天	逾期 361～540天	逾期 541～720天	逾期 720天以上
计提坏账准备的比例	0.00%	2%	4%	6%	10%	12%	15%

（5）公司固定资产折旧、无形资产摊销采用年限平均法，固定资产折旧方法、折旧年限和无形资产摊销方法、摊销年限与税法规定一致。固定资产预计净残值率为4%，无形资产无净残值。各类固定资产折旧年限及年折旧率如表1-2所示。

表1-2 各类固定资产折旧年限及年折旧率

固定资产类别	折旧年限	年折旧率
房屋建筑物	20年	4.80%
生产设备	10年	9.60%
运输设备	4年	24%
管理设备	5年	19.20%

各类无形资产的折旧年限如表1-3所示。

表1-3 各类无形资产折旧年限

无形资产类别	摊销年限
土地使用权	30
专利权	10
非专利技术	10

（6）公司按有关规定计算缴纳社会保险费和住房公积金。基本社会保险及住房公积金以上一年职工月平均工资为计提基数，计提比例如表1-4所示。

表 1-4 社会保险费及住房公积金计提比例

项目	社会保险费					住房公积金（24%）
	基本养老保险（27%）	医疗保险（12%）	失业保险（1%）	工伤保险（0.2%）	生育保险（0.8%）	
企业承担	19%	10%	0.8%	0.2%	0.8%	12%
个人承担	8%	2%+3 元	0.2%	—	—	12%

注：医疗保险另每月个人需缴纳大额互助基金 3 元。

公司由个人承担的社会保险费、住房公积金在缴纳时直接从“应付职工薪酬——短期薪酬（工资）”明细账中冲销，不通过“其他应付款”账户进行核算。

个人所得税由公司代扣代缴，通过“应交税费”账户进行核算。

（7）公司职工福利费和职工教育经费不预提，按实际发生金额列支；工会经费按应付工资总额的 2% 比例计提，工会经费按月划拨给工会专户。

（8）公司根据有关规定，每年按当年净利润（扣减以前年度未弥补亏损后）的 10% 的比例计提法定盈余公积，不计提任意盈余公积。

（9）公司采用综合结转分步法计算产品成本，成本项目为直接材料、直接人工和制造费用。成本计算中各分配率的计算保留四位小数，计算结果保留两位小数。

本月发生的直接材料费以各种产品材料消耗定额比例为标准在各种产品之间进行分配，本月发生的直接人工和制造费用按实际生产工时在各种产品之间进行分配。

月末在产品和完工产品之间费用的分配采用约当产量法，原材料在第一道工序开始一次投入，直接人工费用和制造费用的完工程度分工序按定额生产工时计算，月末在产品在本工序的完工程度均为 50%。

（10）公司专设独立销售机构。

（11）公司从 2016 年 5 月 1 日起执行“财政部 国家税务总局关于全面推开营业税改征增值税试点的通知（财税〔2016〕36 号）”文件。

（12）公司从 2016 年 12 月 1 日起执行“增值税会计处理规定（财会〔2016〕22 号）”文件。

（13）未列明的其他会计事项，公司根据现行《企业会计准则》的相关规定处理。

任务三 企业期初账户资料

一、企业 2018 年 11 月 30 日账户余额（表 1-5）

表 1-5 账户余额表

2018 年 11 月 30 日　　金额单位：元

总账科目	二级科目	三级科目	年初借方余额	年初贷方余额	借方累计发生额	贷方累计发生额	期末借方余额	期末贷方余额
一、资产类								
库存现金			6420.00		242000.00	243709.50	4710.50	
银行存款			9040693.35		70106628.78	67950181.15	11197140.98	

续表

总账科目	二级科目	三级科目	年初借方余额	年初贷方余额	借方累计发生额	贷方累计发生额	期末借方余额	期末贷方余额
	交通银行呼和浩特润宇支行		8964330.55		70106492.63	67949081.15	11121742.03	
	交通银行呼和浩特金桥支行		76362.80		136.15	1100.00	75398.95	
其他货币资金					4800000.00	—	4800000.00	
	银行汇票							
	存出投资款				4800000.00		4800000.00	
交易性金融资产								
	成本							
	公允价值变动							
应收票据			708750.00		1190000.00	288750.00	1610000.00	
	内蒙古良工阀门销售有限公司		288750.00			288750.00		
	内蒙古开高阀门销售有限公司				500000.00		500000.00	
	北京依尔阀门销售有限公司				360000.00		360000.00	
	上海梅陇阀门有限公司		420000.00		330000.00	—	750000.00	
应收账款			695000.00		26059800.00	23040900.00	3713900.00	
	北京沃圣阀门销售有限公司		—		14784000.00	13552000.00	1232000.00	
	广东粤华通用机械设备有限公司		—		2212000.00	1896000.00	316000.00	
	内蒙古盛元阀门销售有限公司				1584000.00	1452000.00	132000.00	
	北京依尔阀门销售有限公司		85000.00				85000.00	
	内蒙古沃茨阀门有限公司				947400.00	631600.00	315800.00	
	内蒙古良工阀门销售有限公司		390000.00		2200000.00	2040000.00	550000.00	
	内蒙古塞鸿阀门销售有限公司		220000.00		4332400.00	3469300.00	1083100.00	
预付账款				60000.00	120000.00	—	60000.00	
	内蒙古辉城锻压法兰厂			60000.00	120000.00		60000.00	
坏账准备				25176.00				25176.00
	应收账款			25176.00				25176.00
其他应收款			3500.00		26500.00	22500.00	7500.00	
	张天高		3500.00		26500.00	22500.00	7500.00	
应收股利								
应收利息								
原材料			44394.50				42382.50	
	阀座		13792.50		省略	省略	13136.70	
	启闭件		1724.50		省略	省略	1650.00	
	铸铁阀体		5175.40		省略	省略	4931.85	
	铸铁阀盖		2491.30		省略	省略	2377.45	
	铸铜阀体		5887.90		省略	省略	5623.75	
	铸铜阀盖		2672.30		省略	省略	2550.75	
	铸铁支架		2818.50		省略	省略	2698.60	
	铸铜支架		2784.40		省略	省略	2659.40	

续表

总账科目	二级科目	三级科目	年初借方余额	年初贷方余额	借方累计发生额	贷方累计发生额	期末借方余额	期末贷方余额
	阀杆		2420.50		省略	省略	2310.00	
	轴套		3708.90		省略	省略	3547.50	
	弹簧		120.70		省略	省略	124.50	
	螺母		797.60		省略	省略	772.00	
周转材料			23700.00				15000.00	
	包装盒		22000.00		省略	省略	15000.00	
	低值易耗品		1700.00		省略	省略		
库存商品			234587.16		10290082.64	10219841.77	211339.78	
	铸铁阀门		78240.05		5357652.00	5365405.52	70486.53	
	数量						130.00	
	单价						542.20	
	铸铜阀门		156347.11		4932430.64	4854436.25	140853.25	
	数量						190.00	
	单价						741.33	
存货跌价准备								
固定资产			8869600.00				8869600.00	
	房屋建筑物		5160000.00		省略	省略	5160000.00	
	生产设备		3350000.00		省略	省略	3350000.00	
	运输设备		256600.00		省略	省略	256600.00	
	管理设备		103000.00		省略	省略	103000.00	
累计折旧				1572380.00	省略	省略		1572380.00
固定资产减值准备								
在建工程			1455000.00		85800.00	85800.00	1455000.00	
	房屋建筑物	3# 仓库	1455000.00		85800.00	85800.00	1455000.00	
固定资产清理								
无形资产			3350000.00				3350000.00	
	土地使用权		3150000.00		省略	省略	3150000.00	
	非专利技术		200000.00		省略	省略	200000.00	
累计摊销				282500.04	114583.37	114583.37		282500.04
	土地使用权			262500.00	96250.00	96250.00		262500.00
	非专利技术			20000.04	18333.37	18333.37		20000.04
无形资产减值准备								
递延所得税资产			6294.00				6294.00	
	应收账款		6294.00				6294.00	
二、负债类								
短期借款				2500000.00	2500000.00	5000000.00		5000000.00
应付票据				418557.29	418557.29			
	内蒙古德晟金属制品有限公司			295057.29	295057.29			
	河北旭华贸易有限公司			123500.00	123500.00			
应付账款				887000.00	826651.20	1980341.20		1604690.00
	内蒙古中航化安全阀销售有限公司			342000.00				
	内蒙古德晟金属制品有限公司			196000.00	156900.00	1044000.00		1083100.00
	内蒙古辉城锻压法兰厂			255000.00	669751.20	636341.20		221590.00

续表

总账科目	二级科目	三级科目	年初借方余额	年初贷方余额	借方累计发生额	贷方累计发生额	期末借方余额	期末贷方余额
	内蒙古新大金属制品有限公司				—	300000.00		300000.00
	山西易佳易贸易有限公司			94000.00				
预收账款			273500.00					273500.00
	内蒙古上蝶阀门销售有限公司		273500.00					273500.00
应付职工薪酬				295167.01	7087033.58	7119057.00	—	327190.43
	短期薪酬（工资）			287805.01	4755577.65	4786775.07		319002.43
	离职后福利（养老保险）				832447.00	832447.00		
	短期薪酬（医疗保险）				438130.00	438130.00		
	短期薪酬（工伤保险）				8762.60	8762.60		
	短期薪酬（生育保险）				35050.40	35050.40		
	离职后福利（失业保险）				35050.40	35050.40		
	短期薪酬（住房公积金）				525756.00	525756.00		
	短期薪酬（职工福利费）				247500.00	247500.00		
	短期薪酬（职工教育经费）				113850.00	113850.00		
	短期薪酬（工会经费）			7362.00	94909.53	95735.53		8188.00
应交税费				407474.00	9345254.69	8987482.02	207000.00	256701.33
	应交增值税				3607648.00	3607648.00		—
		进项税额			2144888.57			
		销项税额				3607648.00		
		转出未交增值税			1462759.43			
	应交房产税			69804.00	69804.00			
	应交车船税			708.00	708.00			
	应交土地使用税			25200.00	25200.00			
	应交所得税			47353.01	254353.01		207000.00	
	应交个人所得税			1511.39	21392.85	21583.43		1701.97
	未交增值税			234730.00	1470022.63	1462970.63		227678.00
	应交城市维护建设税			16431.10	168278.95	167785.31		15937.46
	应交教育费附加			7041.90	72119.55	71907.99		6830.34
	应交地方教育费附加			4694.60	48079.70	47938.66		4553.56
应付股利					—			
其他应付款					—			
长期借款				1560000.00	—			1560000.00
预计负债					—			
递延所得税负债					—			
三、所有者权益								
实收资本				10000000.00				10000000.00

续表

总账科目	二级科目	三级科目	年初借方余额	年初贷方余额	借方累计发生额	贷方累计发生额	期末借方余额	期末贷方余额
资本公积								
	资本溢价							
	其他资本公积							
盈余公积				765000.00	711025.41	711025.41	—	765000.00
	法定盈余公积			765000.00	711025.41	711025.41		765000.00
本年利润						7110254.10		7110254.10
利润分配				6303578.00	省略	省略	—	7124079.96
	未分配利润			6303578.00	省略	省略		7124079.96
四、成本类								
生产成本			365393.33	—	14566997.67	14557066.86	351604.10	
	铸铁阀门模型	直接材料	46927.23				51042.00	
		直接人工	33645.94				20750.00	
		制造费用	7968.78				5201.00	
	铸铁阀门模型小计		88541.95		3022987.00	3018986.95	76993.00	
	铸铜阀门模型	直接材料	30069.43				33758.60	
		直接人工	26310.75				16500.00	
		制造费用	6264.46				4215.00	
	铸铜阀门模型小计		62644.64				54473.60	
	铸铁阀门	直接材料	50054.46				87465.04	
		直接人工	40043.56				9737.78	
		制造费用	10010.89				2199.18	
	铸铁阀门小计		100108.91		6150782.00	6151488.91	99402.00	
	铸铜阀门	直接材料	47921.09				101850.32	
		直接人工	53625.98				15407.90	
		制造费用	12550.76				3477.28	
	铸铜阀门小计		114097.83		5393228.67	5386591.00	120735.50	
制造费用					1162183.00	1162183.00		
	第一车间				683991.00	683991.00		
	第二车间				478192.00	478192.00		
五、损益类								
	主营业务收入				22433826.56	22433826.56		
	其他业务收入							
	投资收益				1333500.81	1333500.81		
	公允价值变动损益							
	营业外收入				15000.00	15000.00		
	主营业务成本				10968948.00	10968948.00		
	其他业务成本							
	税金及附加				292213.00	292213.00		
	销售费用				1702341.00	1702341.00		
	管理费用				3576280.50	3576280.50		
	财务费用				114290.77	114290.77		
	资产减值损失							
	营业外支出				18000.00	18000.00		
	所得税							
	合计		25076832.34	5076832.34	省略	省略	5901471.86	35901471.86

二、企业2018年11月份有关明细账户余额（表1-6～表1-9）

表1-6　原材料（含周转材料）明细账户余额表

2018年11月30日　　金额单位：元

名称	单位	数量	单价	金额
阀座	个	180	72.9817	13136.70
启闭件	个	330	5.0000	1650.00
铸铁阀体	件	85	58.0218	4931.85
铸铁阀盖	件	85	27.9700	2377.45
铸铜阀体	件	75	74.9833	5623.75
铸铜阀盖	件	75	34.0100	2550.75
铸铁支架	套	90	29.9844	2698.60
铸铜支架	套	70	37.9914	2659.40
阀杆	件	1150	2.0087	2310.00
轴套	个	2365	1.5000	3547.50
弹簧	个	830	0.1500	124.50
螺母	个	3860	0.2000	772.00
包装盒	个	5000	3.0000	15000.00
合计				57382.50

表1-7　生产成本明细账户余额表

2018年11月30日　　金额单位：元

产品名称	直接材料	直接人工	制造费用	合计
铸铁阀门模型	51042.00	20750.00	5201.00	76993.00
铸铜阀门模型	33758.60	16500.00	4215.00	54473.60
铸铁阀门	87465.04	9737.78	2199.18	99402.00
铸铜阀门	101850.32	15407.9	3477.28	120735.50
合计				220137.50

表1-8　库存商品明细账户余额表

2018年11月30日　　金额单位：元

产品名称	单位	数量	单位成本	金额
铸铁阀门	个	130	542.2041	70486.53
铸铜阀门	个	190	741.3329	140853.25
合计				211339.78

表1-9　产品消耗定额资料

半成品/产成品	本月投产量	单位消耗定额					
		阀座	启闭件	阀杆	轴套	弹簧	螺母
铸铁阀门模型	800	1.0000	2.0000				
铸铜阀门模型	700	1.0000	2.0000				
铸铁阀门	850			8.5000	18.0000	6.0000	30.0000
铸铜阀门	650			8.5000	18.0000	6.0000	30.0000

三、企业产品生产工艺流程图（图 1-2）

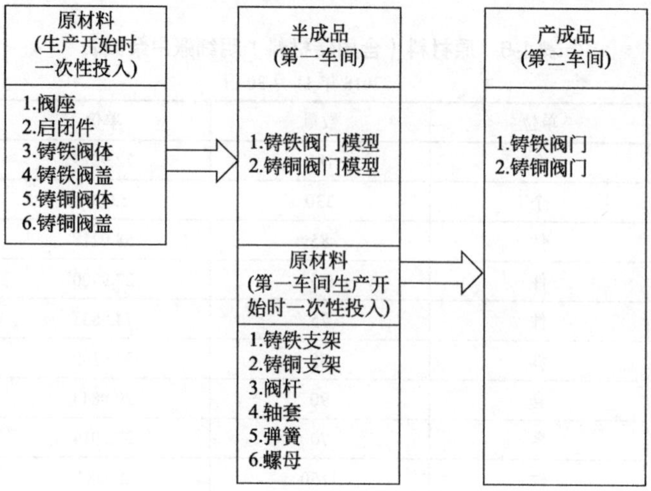

图 1-2　产品生产工艺流程

项目二

建立企业账簿与会计工作规范

任务一　日记账及其登记规范

一、日记账账簿格式要求及登记规范（表 2-1）

表 2-1　日记账账簿格式要求及登记规范

日记账种类	建账格式要求	登记规范
库存现金日记账	三栏式 + 订本账	1. 每登记一笔经济业务，需结出余额 2. 需结出本日合计（为减轻登账工作量，可不写“本日合计”），并通栏划单红线 3. 需结出本月合计，并通栏划单红线 4. 需结出本年累计，并通栏划红线（年末划双红线，其他月份划单红线） 5. 如有期末余额，需结转下年 6.“过次页”一栏需结出本页发生额合计及余额，并将这一金额记入下一页第一行“承前页”有关金额栏内（也可要求：过次页及承前页需填写全年累计发生额合计数）
银行存款日记账	三栏式 + 订本账	

二、日记账登记规范示例

库存现金日记账登记规范如图 2-1 所示（要求：结出“本日合计”）。

库存现金日记账　　第 20 页

2016年 月	日	凭证 种类	凭证 号数	票据号数	摘要	借方	贷方	余额	核对
12	01				承前页	24173600	27173600	165850	□
12	15	记	016		提取备用金	2090500		2256350	□
12	15				本日合计	2090500		2256350	□
12	18	记	020		收到员工违纪罚款	57000		2313350	□
12	18				本日合计	57000		2313350	□
12	19	记	022		报销差旅费		52100	2261250	□
12	19				本日合计		52100	2261250	□
12	25	记	029		支付研发支出		98000	2163250	□
12	25				本日合计		98000	2163250	□
12	26	记	032		报销管理部门设备修理费		432900	1730350	□
12	26				本日合计		432900	1730350	□
12	31				本月合计	2147500	583000	1730350	□
12	31				本年累计	26321100	27756600	1730350	□
12	31				结转下年			1730350	□
									□

图 2-1　库存现金日记账

银行存款日记账登记规范如图 2-2、图 2-3 所示（要求：日记账不要求写“本日合计”；过次页及承前页需填写全年累计发生额合计数）。

银行存款日记账

第 012 页

开户行：中国工商银行太原杏花岭支行

账 号：41008888000035726075

2016年 月	日	凭证 种类	号数	摘要	借方	贷方	余额	核对
12	01			承前页	565241769	152139108	459456142	□
12	03	记	004	申请办理银行汇票		5702850	453753292	□
12	05	记	006	收回货款	3000000		456753292	□
12	10	记	009	支付运费		360000	456393292	□
12	12	记	010	购入包装物		12870000	443523292	□
12	15	记	012	票据背书		35310600	408212692	□
12	15	记	013	发放工资		16671732	391540960	□
12	15	记	014	缴纳税费		9589000	381951960	□
12	15	记	015	缴纳住房公积金		4020000	377931960	□
12	15	记	016	缴纳社会保险费及工会经费		8129475	369802485	□
12	16	记	019	汽车维修费		421200	369381285	□
12	20	记	021	支付电话费		54513	369326772	□
12	20	记	022	固定资产处置收入	702000		370028772	□
12	21	记	025	收到赔款	225000		370253772	□
12	21	记	026	收到存款利息	271268		370525040	□
12	22	记	028	支付职工培训费		527350	369997690	□
12	25	记	031	支付物业管理费		84800	369912890	□
12	25	记	035	支付广告费		450000	369462890	□
12	25			过次页	569440037	246330628	369462890	□

图 2-2 银行存款日记账（一）

续上图：

银行存款日记账

第 013 页

开户行：中国工商银行太原杏花岭支行

账 号：41008888000035726075

2016年 月	日	凭证 种类	号数	摘要	借方	贷方	余额	核对
12	25			承前页	569440037	246330628	369462890	□
12	25	记	036	支付借款利息		250000	369212890	□
12	28	记	038	捐赠支出		3000000	366212890	□
12	30	记	039	收到前欠货款	336980000		703192890	□
12	31	记	040	车间报销办公费		48905	703143985	□
12	31	记	046	支付并分配水费		239673	702904312	□
12	31	记	047	支付并分配电费		491868	702412444	□
12	31	记	063	预缴第四季度所得税		170307310	532105134	□
12	31			本月合计	341178268	268529276	532105134	□
12	31			本年累计	906420037	420668384	532105134	□
12	31			结转下年			532105134	□
								□

图 2-3 银行存款日记账（二）

任务二 明细账及其登记规范

一、明细账建账格式要求（表 2-2）

表 2-2 明细账建账格式要求

类型	会计账户	建账格式要求
资产类	其他货币资金	三栏式＋活页账
	交易性金融资产	三栏式＋活页账
	应收票据	三栏式＋活页账
	应收账款	三栏式＋活页账
	预付账款	三栏式＋活页账
	坏账准备	三栏式＋活页账
	其他应收款	三栏式＋活页账
	应收股利	三栏式＋活页账
	应收利息	三栏式＋活页账
	原材料	数量金额式＋活页账
	周转材料	数量金额式＋活页账
	库存商品	数量金额式＋活页账
	存货跌价准备	三栏式＋活页账
	固定资产（累计折旧）	专用
	固定资产减值准备	三栏式＋活页账
	在建工程	三栏式＋活页账
	无形资产（累计摊销）	专用
	无形资产减值准备	三栏式＋活页账
	递延所得税资产	三栏式＋活页账
负债	短期借款	三栏式＋活页账
	应付票据	三栏式＋活页账
	应付账款	三栏式＋活页账
	预收账款	三栏式＋活页账
	应付职工薪酬	三栏式＋活页账
	应交税费（应交增值税）	专用
	应交税费（除应交增值税）	三栏式＋活页账
	应付股利	三栏式＋活页账
	其他应付款	三栏式＋活页账
	长期借款	三栏式＋活页账

续表

类型	会计账户	建账格式要求
负债	预计负债	三栏式＋活页账
	递延所得税负债	三栏式＋活页账
所有者权益类	实收资本	三栏式＋活页账
	盈余公积	三栏式＋活页账
	本年利润	三栏式＋活页账
	利润分配	三栏式＋活页账
成本类	生产成本	多栏式＋活页账
	制造费用	多栏式＋活页账
损益类	主营业务收入	多栏式＋活页账
	其他业务收入	多栏式＋活页账
	投资收益	多栏式＋活页账
	营业外收入	多栏式＋活页账
	主营业务成本	多栏式＋活页账
	其他业务成本	多栏式＋活页账
	税金及附加	多栏式＋活页账
	销售费用	多栏式＋活页账
	管理费用	多栏式＋活页账
	财务费用	多栏式＋活页账
	营业外支出	多栏式＋活页账

二、不同账页格式登记规范示例

（一）数量金额式账页格式登记规范示例（图 2-4）

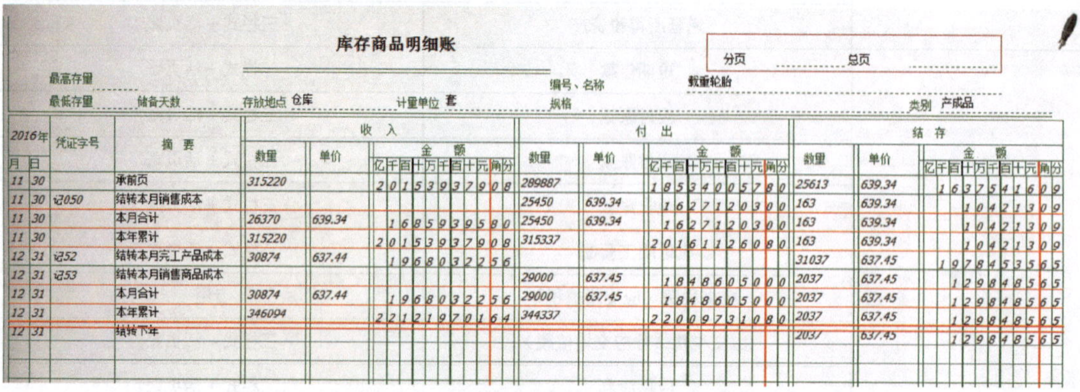

库存商品明细账

分页 总页

最高存量

最低存量 储备天数 存放地点 仓库 计量单位 套 编号、名称 载重轮胎 规格 类别 产成品

2016年 月	日	凭证字号	摘要	收入 数量	收入 单价	收入 金额	付出 数量	付出 单价	付出 金额	结存 数量	结存 单价	结存 金额
11	30		承前页	315220		20153937908	289887		18534005780	25613	639.34	1637541609
11	30	记050	结转本月销售成本				25450	639.34	1627120300	163	639.34	10421309
11	30		本月合计	26370	639.34	1685939580	25450	639.34	1627120300	163	639.34	10421309
11	30		本年累计	315220		20153937908	315337		20161126080	163	639.34	10421309
12	31	记52	结转本月完工产品成本	30874	637.44	1968032256				31037	637.45	1978453565
12	31	记53	结转本月销售商品成本				29000	637.45	1848605000	2037	637.45	129848565
12	31		本月合计	30874	637.44	1968032256	29000	637.45	1848605000	2037	637.45	129848565
12	31		本年累计	346094		22121970164	344337		22009731080	2037	637.45	129848565
12	31		结转下年							2037	637.45	129848565

图 2-4 库存商品明细账（数量金额式）

（二）多栏式账页格式登记规范示例（图 2-5）

正面　分页:________总页:________

背面

一级科目:生产成本

二级科目:轿车轮胎

生产成本明细账

2016年 月	日	凭证号数	摘要	借方	贷方	借或贷	余额	(借)方项目 直接材料	直接人工	制造费用
12	31		承前页	1308815038 5	1308788516 3	借	12301080	12036200	190181	74699
12	31	记041	分配职工薪酬	2875108 6		借	41052166		28751086	
12	31	记042	分配职工福利费	780000		借	41832166		780000	
12	31	记043	分配职工教育经费	390000		借	42222166		390000	
12	31	记047	本月生产耗用材料	45776686		借	87998852	45776686		
12	31	记048	结转发出周转材料成本	3839660		借	91838512	3839660		
12	31	记049	分配本月制造费用	12946570		借	104785082			12946570
12	31	记051	领用半成品	1179166033		借	1283951115	1179166033		
12	31	记052	结转本月完工产品成本		1192164111	借	91787004	1150865079	28831279	12467753
12	31		本月合计	1271650035	1192164111	借	91787004	77917300	1089807	478817
12	31		本年累计	14359800420	14280049274	借	91787004	89953500	1279988	553516
12	31		结转下年			借	91787004	89953500	1279988	553516

图 2-5　生产成本明细账（多栏式）

（三）三栏式账页格式登记规范示例（图 2-6）

分页:28　总页:50

应收账款明细账

一级科目:应收账款　　二级科目:北京中远汽车有限公司

2016年 月	日	凭证 种类	号数	摘要	日页	借方	贷方	借或贷	余额
11	26			承前页		4155900000	3129500000	借	1026400000
11	28	记	025	收到前欠货款			1026400000	平	000
11	30			本月合计			1026400000	平	000
11	30			本年累计		4155900000	4155900000	平	000
12	20	记	023	销售商品		2679300000		借	2679300000
12	31			本月合计		2679300000		借	2679300000
12	31			本年累计		6835200000	4155900000	借	2679300000
12	31			结转下年				借	2679300000

图 2-6　应收账款明细账（三栏式）

任务三　总账及其登记规范

一、总账建账格式要求

总分类账应采用订本式三栏式账页格式。

二、总账登记规范示例（图 2-7）

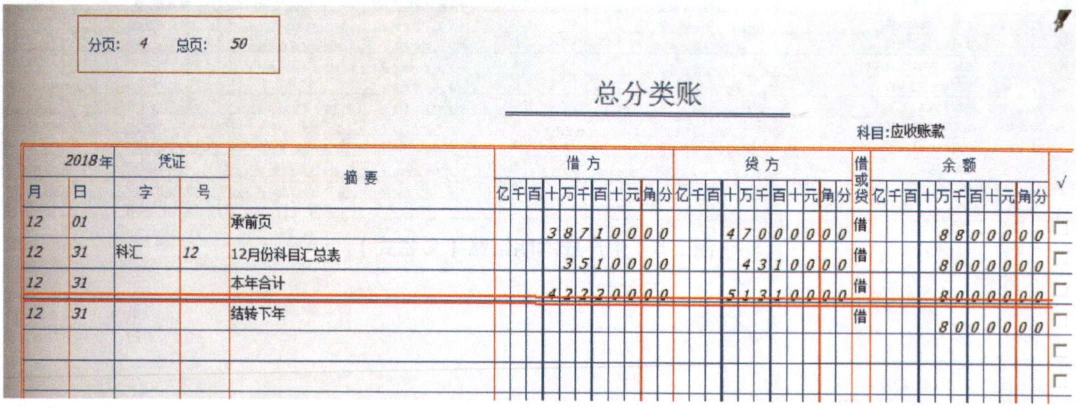

分页：4　总页：50

总分类账

科目:应收账款

2018年 月	日	凭证 字	号	摘要	借方（亿千百十万千百十元角分）	贷方（亿千百十万千百十元角分）	借或贷	余额（亿千百十万千百十元角分）	√
12	01			承前页	38710000	47000000	借	8800000	
12	31	科汇	12	12月份科目汇总表	3510000	4310000	借	8000000	
12	31			本年合计	42220000	51310000	借	8000000	
12	31			结转下年			借	8000000	

图 2-7　应收账款总账（三栏式）

任务四　记账凭证填制规范

一、记账凭证基本内容

记账凭证必须具备以下基本内容：

（1）填制凭证的日期；

（2）凭证编号；

（3）经济业务摘要；

（4）会计科目；

（5）金额；

（6）所附原始凭证张数；

（7）填制凭证人员、稽核人员、记账人员、会计机构负责人、会计主管人员签名或者盖章。

二、记账凭证填制要求

记账凭证的填制除要做到内容完整、书写清楚和规范外，还必须符合下列要求：

（1）除结账和更正错账可以不附原始凭证外，其他记账凭证必须附原始凭证。

（2）记账凭证可以根据每一张原始凭证填制，或根据若干张同类原始凭证汇总填制，也可根据原始凭证汇总表填制；但不得将不同内容和类别的原始凭证汇总填制在一张记账凭证上。

（3）记账凭证应连续编号。如果一笔经济业务需要填制两张以上（含两张）记账凭证的，可以采用“分数编号法”编号，如记字第 007 号 1/2、记字第 007 号 2/2。

（4）填制记账凭证时若发生错误，应当重新填制。

（5）记账凭证填制完成后如有空行，应当自金额栏最后一笔金额数字下的空行处至合计数上的空行处划线注销。

三、记账凭证填制规范示例

示例一（图 2-8）：

记　账　凭　证

记字第 014 号

2018年12月12日

摘　要	总账科目	明细科目	借方金额（亿千百十万千百十元角分）	贷方金额（亿千百十万千百十元角分）	√
销售商品	银行存款	中国工商银行太原晋源支行	102398400		□
	预收账款	上海京杨紧固件有限公司	25599600		□
	主营业务收入	4.8级镀锌螺栓		49400000	□
	主营业务收入	4.8级镀镍螺栓		60000000	□
	应交税费	应交增值税（销项税额）		18598000	□
					□
合　计			¥127998000	¥127998000	□

附单据 3 张

会计主管：　记账：　出纳：谢燕　复核：王丽娜　制单：杨丹

图 2-8　记账凭证填制规范示例（一）

示例二（图 2-9）：

记 账 凭 证

2018年12月04日　　记字第 007 号1/2

摘要	总账科目	明细科目	借方金额	贷方金额	√
购入材料	材料采购	低碳钢	159000000		□
	材料采购	硫酸镍盐	32800000		□
	材料采购	次磷酸钠	800000		□
	材料采购	盐酸	450000		□
	材料采购	氯化铵	2070000		□
	材料采购	氯化锌	2700000		□
合		计			□

附单据 3 张

会计主管：　记账：　出纳：　复核：王丽娜　制单：杨丹

记 账 凭 证

2018年12月04日　　记字第 007 号2/2

摘要	总账科目	明细科目	借方金额	贷方金额	√
	应交税费	应交增值税（进项税额）	33629400		□
	应付票据	广州宏源实业有限公司		231449400	□
					□
					□
					□
					□
合		计	￥231449400	￥231449400	□

附单据 3 张

会计主管：　记账：　出纳：　复核：王丽娜　制单：杨丹

图 2-9　记账凭证填制规范示例（二）

项目三

会计业务核算与处理

任务一　会计业务核算

说明：会计业务按出纳岗、成本会计岗、总账会计岗和会计主管岗进行分岗业务核算，以团队协作方式完成实训企业一个月的经济业务。

【注】总账会计岗和成本会计岗填制记账凭证规范参阅“项目二 任务四　记账凭证填制规范”相关内容，严格按照填制规范填制记账凭证。

【业务 1】

1 日，支付汽车保养费。增值税普通发票、报销单如图 3-1、图 3-2 所示。

【注】总账会计业务。

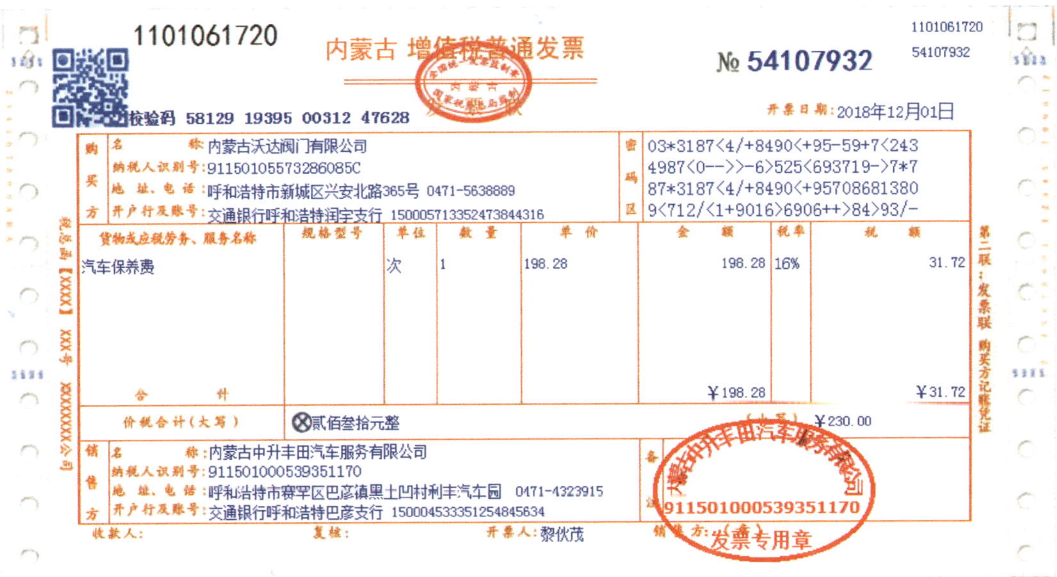

1101061720　内蒙古 增值税普通发票　№ 54107932　1101061720　54107932

校验码 58129 19395 00312 47628　开票日期：2018年12月01日

购买方	名　　称：内蒙古沃达阀门有限公司 纳税人识别号：91150105573286085C 地址、电话：呼和浩特市新城区兴安北路365号 0471-5638889 开户行及账号：交通银行呼和浩特润宇支行 150005713352473844316			密码区	03*3187<4/+8490<+95-59+7<243 4987<0-->>-6>525<693719->7*7 87*3187<4/+8490<+95708681380 9<712/<1+9016>6906++>84>93/-		
货物或应税劳务、服务名称	规格型号	单位	数量	单价	金额	税率	税额
汽车保养费		次	1	198.28	198.28	16%	31.72
合　　计					¥198.28		¥31.72
价税合计（大写）	⊗贰佰叁拾元整				（小写）¥230.00		
销售方	名　　称：内蒙古中升丰田汽车服务有限公司 纳税人识别号：911501000539351170 地址、电话：呼和浩特市赛罕区巴彦镇黑土凹村利丰汽车园 0471-4323915 开户行及账号：交通银行呼和浩特巴彦支行 150004533351254845634			备注			

收款人：　复核：　开票人：黎伙茂　销售方：（章）

第二联：发票联　购买方记账凭证

图 3-1

报　销　单

填报日期：2018 年 12 月 01 日　　　　单据及附件共 1 张

姓名 王光辉	所属部门 总经办		报销形式	现金	
			支票号码		
报 销 项 目	摘　要		金　额		备注：
汽车保养费	支付汽车保养费		230.00		
	现金付讫				
合　计			¥230.00		
金额大写：零 拾 零 万 零 仟 贰 佰 叁 拾 零 元 零 角 零 分			原借款： 0.00 元	应退(补)款：¥230.00 元	

总经理：王光辉　财务经理：邢伯文　部门经理：张海清　会计：孙娟　出纳：牛唐露　报销人：王光辉

图 3-2

【业务 2】

1 日，从银行提取现金以备用，填制现金支票。（提示：支付密码：0165-5179-0015-3876）提现申请单、现金支票如图 3-3、图 3-4 所示。

【注】出纳业务。

提现申请单

填单日期：2018年12月01日

收款单位	内蒙古沃达阀门有限公司		
地址	呼和浩特市新城区兴安北路365号	联系电话	0471-5638889
收款人开户行	交通银行呼和浩特润宇支行	开户账号	150005713352473844316
内容	提取备用金		
大写	零拾壹万零仟零佰零拾零元零角零分		¥ 1 0 0 0 0 0 0

审批:王光辉　　审核: 邢伯文　　制表: 牛唐露

图 3-3

图3-2

【例题3-2】

图3-3

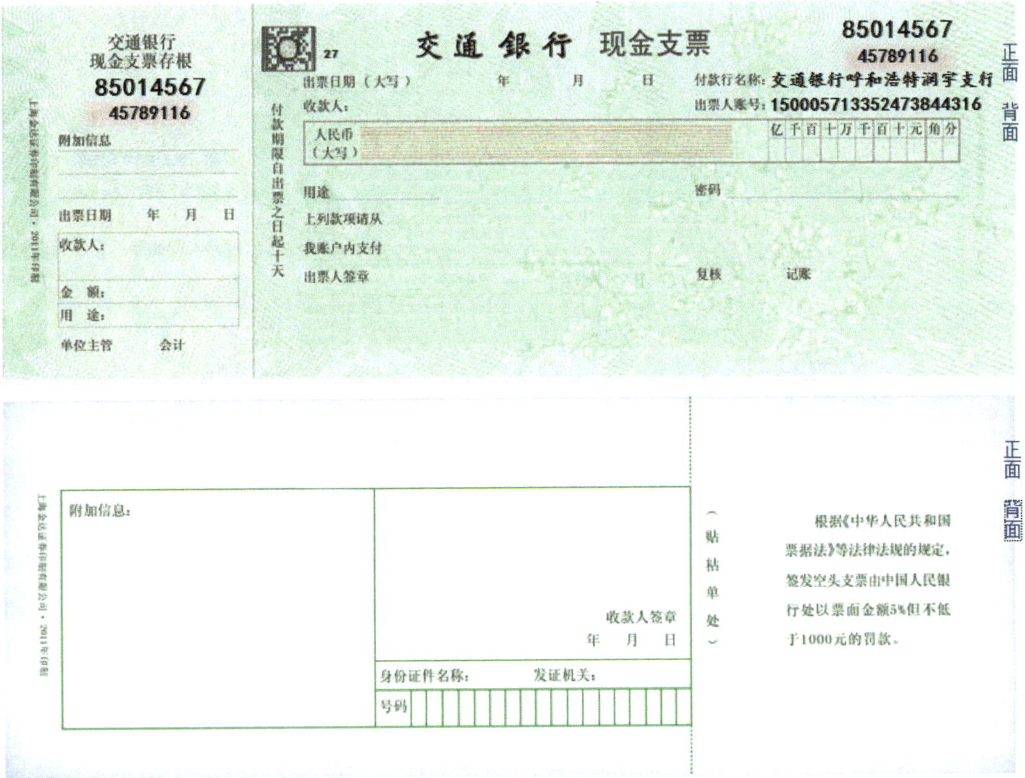

图 3-4

【业务 3】

1 日，提取现金以备用。（结合第 2 题现金支票、提现申请单编制记账凭证）（提现申请单、现金支票存根）

【注】总账会计业务。

【业务 4】

1 日，申请银行汇票支付货款，填写结算业务申请书。（支付密码：7526-1054-7708-3913）付款申请书、结算业务申请书 3 张如图 3-5、图 3-6 所示。

【注】出纳业务。

付款申请书

2018年 12月 01日

用途及情况	金额											收款单位(人):内蒙古中航化安全阀销售有限公司
支付材料款	亿	千	百	十	万	千	百	十	元	角	分	账 号: 15002082452443072566
			¥	3	0	0	0	0	0	0	0	开户行:中国农业银行内蒙古呼和浩特新城支行
金额（大写）合计:	人民币叁拾万元整											电汇: □ 信汇: □ 汇票: ☑ 转账: □ 其他: □
总经理	王光辉	财务部门	经理	那佰文		业务部门	经理	张天长				
			会计	孙娟			经办人	王彩霞				

图 3-5

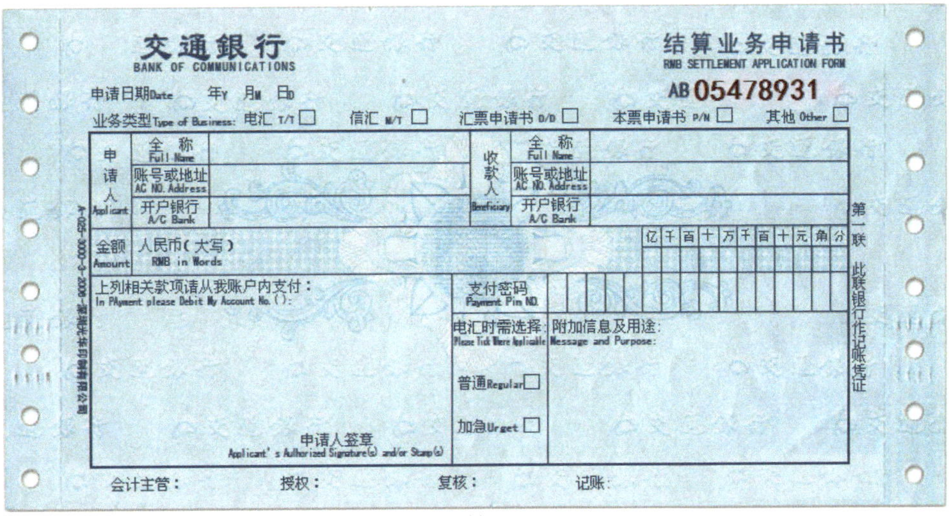

交通银行 BANK OF COMMUNICATIONS

结算业务申请书 RMB SETTLEMENT APPLICATION FORM

AB 05478931

申请日期Date 年Y 月M 日D

业务类型Type of Business: 电汇 T/T □ 信汇 M/T □ 汇票申请书 D/D □ 本票申请书 P/N □ 其他 Other □

申请人 Applicant	全称 Full Name		收款人 Beneficiary	全称 Full Name	
	账号或地址 AC NO. Address			账号或地址 AC NO. Address	
	开户银行 A/C Bank			开户银行 A/C Bank	
金额 Amount	人民币（大写） RMB in Words				亿 千 百 十 万 千 百 十 元 角 分
上列相关款项请从我账户内支付： In Payment please Debit My Account No.():			支付密码 Payment Pin NO.		
			电汇时需选择：Please Tick Where Applicable 普通Regular □ 加急Urget □	附加信息及用途：Message and Purpose:	
申请人签章 Applicant's Authorized Signature(s) and/or Stamp(s)					

会计主管： 授权： 复核： 记账：

第一联 此联银行作记账凭证

(a)

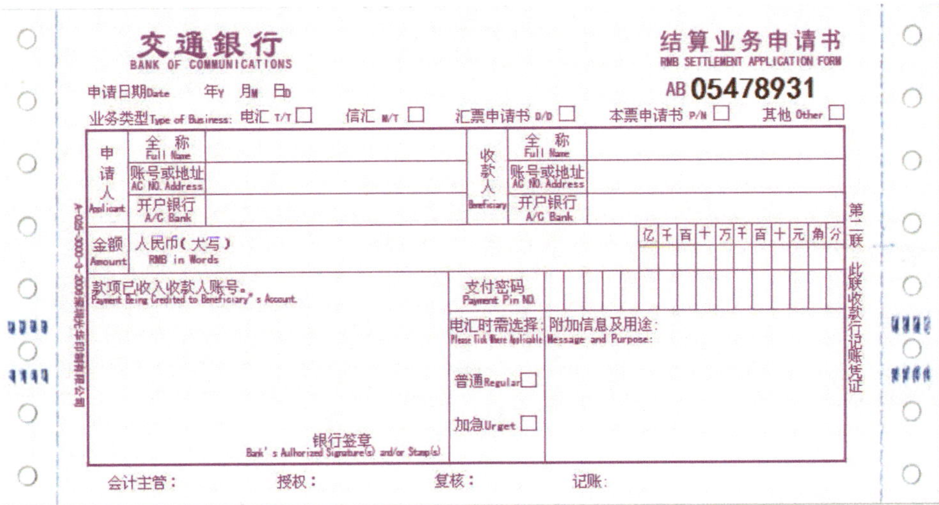

交通银行 BANK OF COMMUNICATIONS

结算业务申请书 RMB SETTLEMENT APPLICATION FORM

AB 05478931

申请日期Date 年Y 月M 日D

业务类型Type of Business: 电汇 T/T □ 信汇 M/T □ 汇票申请书 D/D □ 本票申请书 P/N □ 其他 Other □

申请人 Applicant	全称 Full Name		收款人 Beneficiary	全称 Full Name	
	账号或地址 AC NO. Address			账号或地址 AC NO. Address	
	开户银行 A/C Bank			开户银行 A/C Bank	
金额 Amount	人民币（大写） RMB in Words				亿 千 百 十 万 千 百 十 元 角 分
款项已收入收款人账号。Payment Being Credited to Beneficiary's Account.			支付密码 Payment Pin NO.		
			电汇时需选择：Please Tick Where Applicable 普通Regular □ 加急Urget □	附加信息及用途：Message and Purpose:	
银行签章 Bank's Authorized Signature(s) and/or Stamp(s)					

会计主管： 授权： 复核： 记账：

第二联 此联收款行记账凭证

(b)

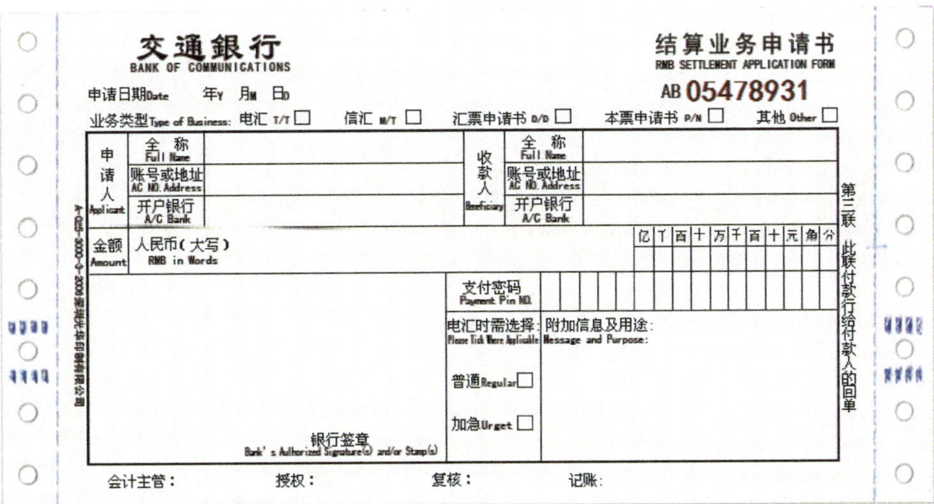

交通银行 BANK OF COMMUNICATIONS

结算业务申请书 RMB SETTLEMENT APPLICATION FORM

AB 05478931

申请日期Date 年Y 月M 日D

业务类型Type of Business: 电汇 T/T □ 信汇 M/T □ 汇票申请书 D/D □ 本票申请书 P/N □ 其他 Other □

申请人 Applicant	全称 Full Name		收款人 Beneficiary	全称 Full Name	
	账号或地址 AC NO. Address			账号或地址 AC NO. Address	
	开户银行 A/C Bank			开户银行 A/C Bank	
金额 Amount	人民币（大写） RMB in Words				亿 千 百 十 万 千 百 十 元 角 分
			支付密码 Payment Pin NO.		
			电汇时需选择：Please Tick Where Applicable 普通Regular □ 加急Urget □	附加信息及用途：Message and Purpose:	
银行签章 Bank's Authorized Signature(s) and/or Stamp(s)					

会计主管： 授权： 复核： 记账：

第三联 此联付款行给付款人的回单

(c)

图 3-6

(a)

(b)

(c)

【业务 5】

1 日，办理银行汇票，用以支付材料款。（结合【业务 4】结算业务申请书、付款申请书及本期背景资料编制记账凭证）付款通知书如图 3-7 所示。

【注】总账会计业务。

交通银行（呼和浩特润宇支）付款通知书

日期 2018.12.01

机构号 1130257　　交易代码 1533718920374589

单位名称	内蒙古沃达阀门有限公司
账号	150005713352473844316
摘要	办理银行汇票手续费　23.40
金额合计	￥23.40
金额合计（大写）	人民币贰拾叁元肆角整

交通银行 呼和浩特润宇支行 2018.12.1 转讫（01）

第二联　回单

QF-001-50X2-50000-2005

注：此付款通知书加盖我行业务公章方有效。

流水号 13547902641　　经办 徐晓明

图 3-7

【业务 6】

2 日，用银行汇票采购材料，多余款退回。增值税专用发票、银行汇票、收料单 2 张如图 3-8 ～图 3-10 所示。

【注】总账会计业务。

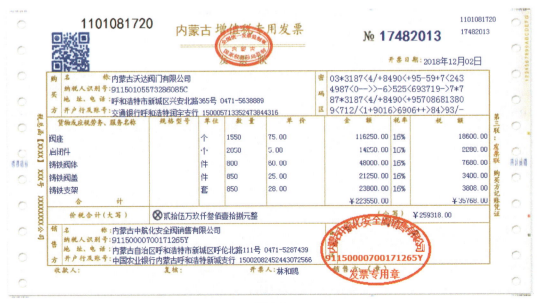

1101081720　　**内蒙古增值税专用发票**　　№ 17482013　　1101081720　17482013

发票联

开票日期：2018年12月02日

购买方 名称	内蒙古沃达阀门有限公司
纳税人识别号	91150105573286085C
地址、电话	呼和浩特市新城区兴安北路365号 0471-5638889
开户行及账号	交通银行呼和浩特润宇支行 150005713352473844316
密码区	03*3187<4/+8490<+95-59+7<243 4987<0-->>-6>525<693719->7*7 87*3187<4/+8490<+95708681380 9<712/<1+9016>6906++>84>93/-

货物或应税劳务、服务名称	规格型号	单位	数量	单价	金额	税率	税额
阀座		个	1550	75.00	116250.00	16%	18600.00
启闭件		个	2050	5.00	14250.00	16%	2280.00
铸铁阀体		件	800	60.00	48000.00	16%	7680.00
铸铁阀盖		件	850	25.00	21250.00	16%	3400.00
铸铁支架		套	850	28.00	23800.00	16%	3808.00
合计					￥223550.00		￥35768.00
价税合计（大写）	⊗贰拾伍万玖仟叁佰壹拾捌元整				（小写）￥259318.00		

销售方 名称	内蒙古中航化安全阀销售有限公司
纳税人识别号	91150000700171265Y
地址、电话	内蒙古自治区呼和浩特市新城区呼伦北路111号 0471-5287439
开户行及账号	中国农业银行内蒙古呼和浩特新城支行 15002082452443072566

收款人：　　复核：　　开票人：林和鸥　　销售方：（章）

内蒙古中航化安全阀销售有限公司 91150000700171265Y 发票专用章

第三联：发票联　购买方记账凭证

税总函【XXXX】XXX号 XXXXXXXX公司

图 3-8

付款期限
壹个月

交通银行
银行汇票(多余款收账通知)　4

GE 02 48192051
第49号

出票日期（大写）：贰零壹捌年壹拾贰月　零壹日

代理付款行：交通银行呼和浩特润宇支行　行号：301100000621

收款人：内蒙古中航化安全阀销售有限公司　账号：15002082452443072566

出票金额：人民币（大写）贰佰贰拾肆万元整　¥300000.00

实际结算金额：人民币（大写）贰拾伍万玖仟叁佰壹拾捌元整

千	百	十	万	千	百	十	元	角	分
	¥	2	5	9	3	1	8	0	0

交通银行呼和浩特润宇支行 2018.12.02 转讫（01）

申请人：内蒙古沃达阀门有限公司　账号：150005713352473844316

出票行：交通银行呼和浩特润宇　行号：301500000099

备注：

出票行签章

2018年　12月　02日

多余金额

千	百	十	万	千	百	十	元	角	分
		¥	4	0	6	8	2	0	0

左列退回多余金额已收入你账户内。

此联出票行作多余款后交申请人

上海证券印制有限公司　2005年印制

图 3-9

收料单

供应单位：内蒙古中航化安全阀销售有限公司　　编号：syi01049
材料类别：原材料　　2018年 12月 02日　　收料仓库：材料库

材料编号	材料名称	规格	计量单位	数量		实际价格				计划价格	
				应收	实收	单价	发票金额	运杂费	合计	单价	金额
00101	阀座		个	1550	1550						
00102	启闭件		个	2850	2850						
00103	铸铁阀体		件	800	800						
00104	铸铁阀盖		件	850	850						

备注：

部门经理：王彩霞　　会计：孙娟　　仓库：刘啸　　经办人：张天长

会计联

(a)

收料单

供应单位：内蒙古中航化安全阀销售有限公司　　编号：syi01050
材料类别：原材料　　2018年 12月 02日　　收料仓库：材料库

材料编号	材料名称	规格	计量单位	数量		实际价格				计划价格	
				应收	实收	单价	发票金额	运杂费	合计	单价	金额
00107	铸铁支架		套	850	850						

备注：

部门经理：王彩霞　　会计：孙娟　　仓库：刘啸　　经办人：张天长

会计联

(b)

图 3-10

【业务 7】

2 日，购入股票，公司决定将该股票划分为交易性金融资产。（已宣告尚未发放股利 200000.00 元）增值税专用发票、证券交易对账单如图 3-11、图 3-12 所示（提示：按最新规定进行会计处理）。

【注】总账会计业务。

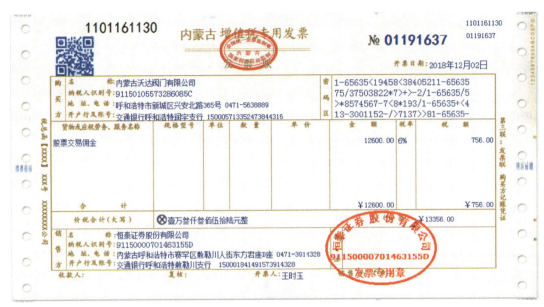

1101161130　　内蒙古增值税专用发票　　№ 01191637　　1101161130　01191637

发票联　　开票日期：2018年12月02日

购买方	名称：内蒙古沃达阀门有限公司 纳税人识别号：91150105573286085C 地址、电话：呼和浩特市新城区兴安北路365号 0471-5638889 开户行及账号：交通银行呼和浩特润宇支行 150005713352473844316	密码区	1-65635<19458<38405211-65635 75/37503822*7>+>-2/1-65635/5 >*8574567-7<8*193/1-65635+<4 13-3001152-/>7137>>81-65635-

货物或应税劳务、服务名称	规格型号	单位	数量	单价	金额	税率	税额
股票交易佣金					12600.00	6%	756.00
合计					¥12600.00		¥756.00
价税合计（大写）	⊗壹万叁仟叁佰伍拾陆元整				（小写）¥13356.00		

销售方	名称：恒泰证券股份有限公司 纳税人识别号：91150000701463155D 地址、电话：内蒙古呼和浩特市赛罕区敕勒川大街东方君座D座 0471-3014328 开户行及账号：交通银行呼和浩特敕勒川支行 150001841491573914328	备注	

收款人：　　复核：　　开票人：王时王　　销售方：（章）恒泰证券股份有限公司 91150000701463155D 发票专用章

第三联：发票联　购买方记账凭证

图 3-11

内蒙古恒泰证券中山西路营业部对账单

客户编号：220310268　　姓名：内蒙古沃达阀门有限公司　　对账日期：2018.12.02　　打印柜员：1590

资金信息：

币种	资金余额	可用金额	可取现金	资产总值
人民币	285644.00	285644.00	285644.00	4499000.00

流水明细：

日期	币种	业务标志	证券名称	证券代码	发生数量	成交均价	佣金	印花税	其他费	收付金额	资金余额	备注
2018.12.02	人民币	股票买入	兰太实业	600308	400000	10.50	12600.00	0.00	0.00	4213356.00	285644.00	

汇总股票资料

证券名称	证券代码	当前数	可用数	最新价	市值	币种
兰太实业	600308	400000	400000	10.50	4200000.00	人民币

图 3-12

【业务 8】

3 日，将票据背书转让支付内蒙古新大金属制品有限公司材料款。银行承兑汇票如图 3-13 所示。

【注】出纳业务。

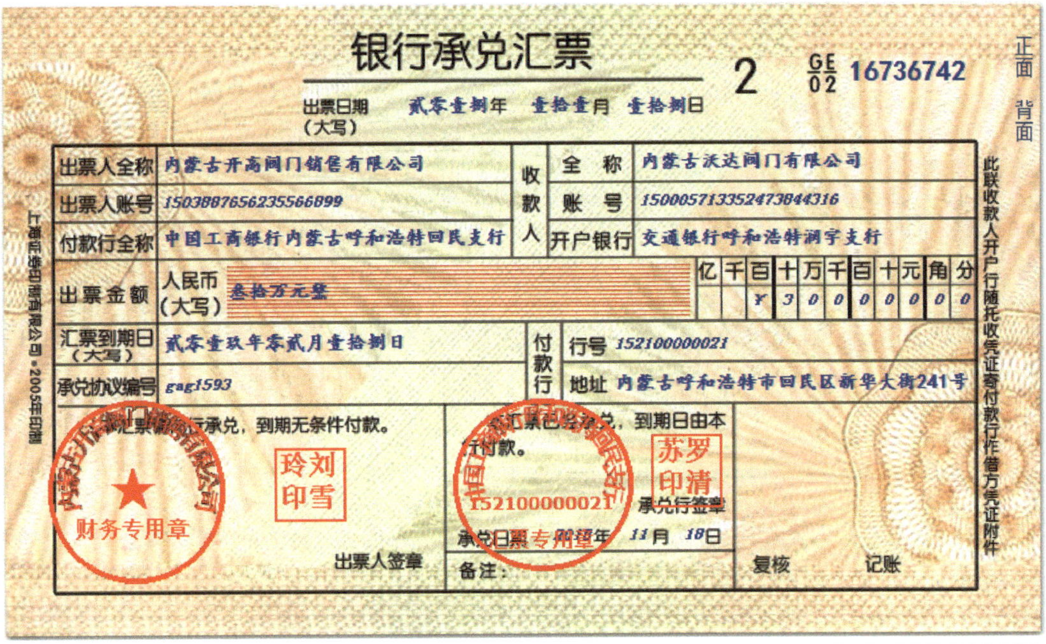

银行承兑汇票　2　GE 02 16736742

出票日期（大写）　贰零壹捌年　壹拾壹月　壹拾捌日

出票人全称	内蒙古开高阀门销售有限公司	收款人	全称	内蒙古沃达阀门有限公司
出票人账号	1503887656235566899		账号	1500057133524738844316
付款行全称	中国工商银行内蒙古呼和浩特回民支行		开户银行	交通银行呼和浩特润宇支行
出票金额	人民币（大写）叁拾万元整		亿千百十万千百十元角分	¥30000000
汇票到期日（大写）	贰零壹玖年零贰月壹拾捌日	付款行	行号	152100000021
承兑协议编号	gag1593		地址	内蒙古呼和浩特市回民区新华大街241号

本汇票请你行承兑，到期无条件付款。　出票人签章

本汇票已经承兑，到期日由本行付款。　承兑行签章　承兑日期 2018年 11月 18日　备注：

复核　记账

此联收款人开户行随托收凭证寄付款行作借方凭证附件

正面　背面

上海证券印刷有限公司·2005年印制

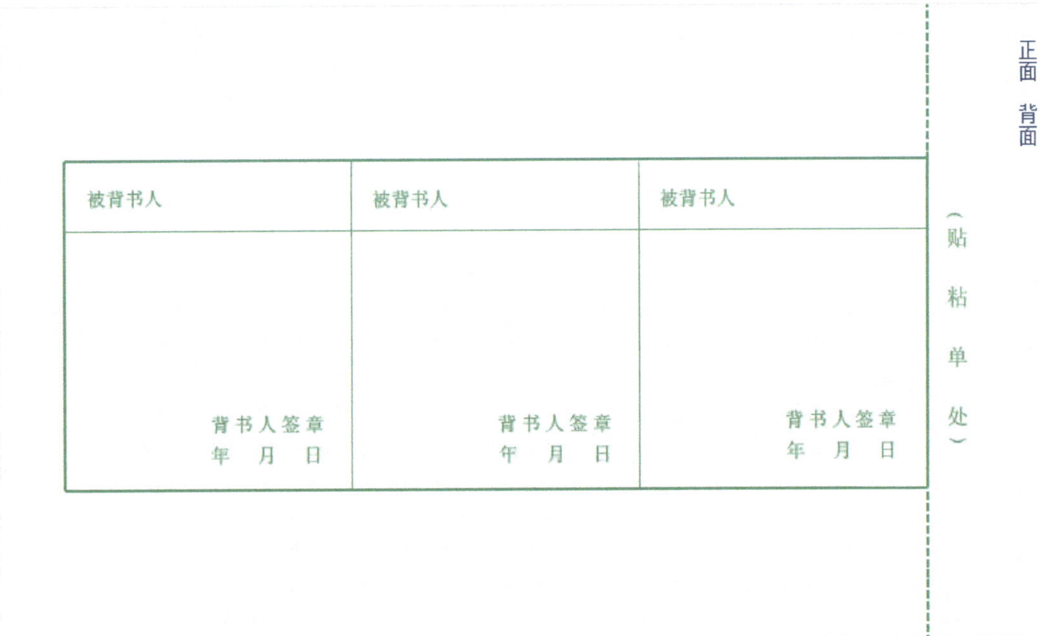

被背书人	被背书人	被背书人
背书人签章 年 月 日	背书人签章 年 月 日	背书人签章 年 月 日

（贴粘单处）

正面　背面

图 3-13

【业务 9】

3 日，支付前欠货款。（结合【业务 8】银行承兑汇票背书，编制记账凭证）银行承兑汇票复印件如图 3-14 所示。

【注】总账会计业务。

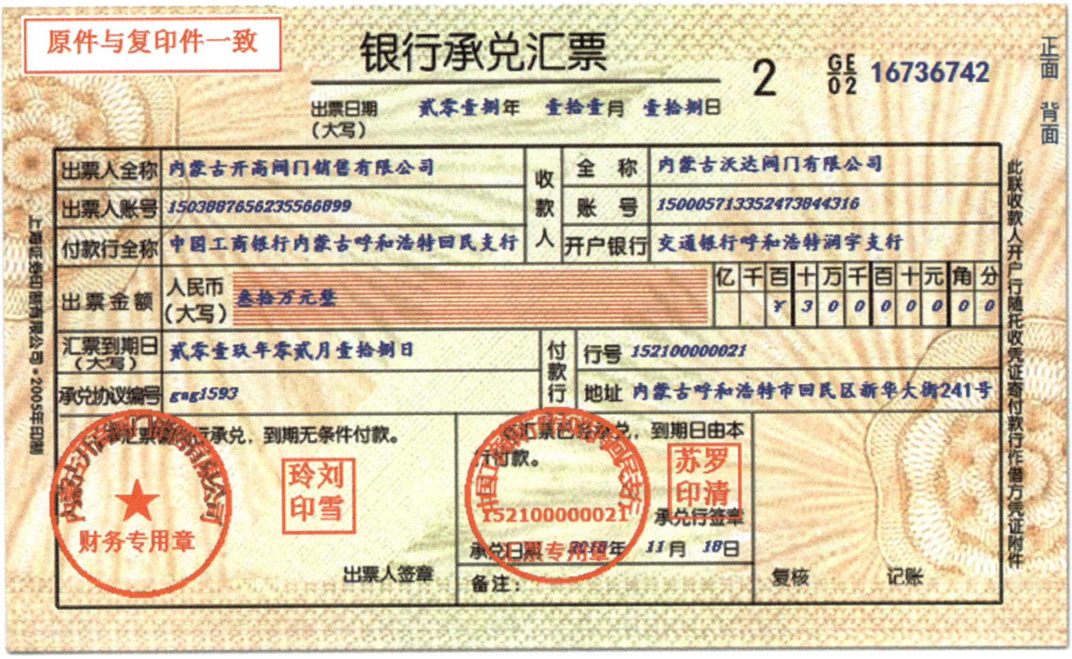

原件与复印件一致

银行承兑汇票　2　GE 02　16736742

出票日期（大写）　贰零壹捌年　壹拾壹月　壹拾捌日

出票人全称	内蒙古开高阀门销售有限公司	收款人	全　称	内蒙古沃达阀门有限公司
出票人账号	1503887656235566899		账　号	1500057133524738844316
付款行全称	中国工商银行内蒙古呼和浩特回民支行		开户银行	交通银行呼和浩特润宇支行
出票金额	人民币（大写）叁拾万元整		亿千百十万千百十元角分	¥30000000
汇票到期日（大写）	贰零壹玖年零贰月壹拾捌日	付款行	行号	152100000021
承兑协议编号	gag1593		地址	内蒙古呼和浩特市回民区新华大街241号

本汇票请你行承兑，到期无条件付款。　出票人签章

本汇票已经承兑，到期日由本行付款。　承兑行签章　承兑日期 2018年 11月 18日

备注：　复核　记账

此联收款人开户行随托收凭证寄付款行作借方凭证附件

正面　背面

上海证券印刷有限公司·2005年印制

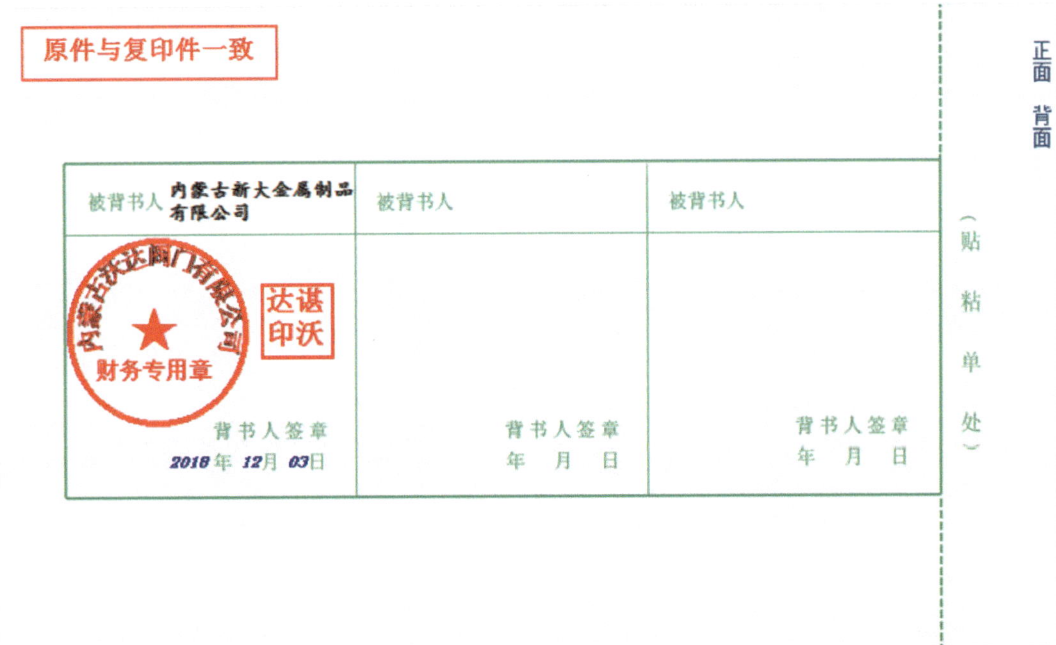

原件与复印件一致

被背书人 内蒙古新大金属制品有限公司	被背书人	被背书人
背书人签章 2018年 12月 03日	背书人签章 年 月 日	背书人签章 年 月 日

（贴粘单处）

正面　背面

图 3-14

【业务 10】

5 日，收到投资款。公司股东会决议、验资报告、现金解款单 3 张、银行业务回单如图 3-15 ～图 3-18 所示。

【注】总账会计业务。

公司股东会决议

内蒙古沃达阀门有限公司（以下简称公司）股东于2018年12月05日在公司会议室召开了股东会全体会议。

本次股东会会议已按《公司法》及公司章程的有关规定通知全体股东到会参加会议。股东会确认本次会议已按照《公司法》及公司章程之有关规定有效通知。出席会议的股东为持有公司100%的股权，会议合法有效，由董事长（法定代表人）谌沃达主持。

本次股东会会议的召集与召开程序、出席会议人员资格及表决程序符合《公司法》及公司章程的有关规定。

会议就公司下一步经营发展事宜，全体股东一致同意如下决议：

1. 全体股东一致通过有关公司章程。
2. 股东对所持有该公司股份表示一致同意、会议合法有效。
3. 接受股东赵辉跃以现金出资，金额为人民币壹佰伍拾万元整，享有公司注册资本金额为人民币壹佰万元整，占公司注册资本的比例为9.09%，符合公司财务有关规定。
4. 同意公司下一步经营发展事项。

股东：达谌印沃　跃赵印辉　权乔印石

内蒙古沃达阀门有限公司

董事长：谌沃达　达谌印沃　2018年12月05日

图 3-15

验　资　报　告

内蒙古沃达阀门有限公司：　　2018年通验字（2288）号

我们接受委托，审验了贵公司截至2018年12月05日止新增注册资本实收情况。按照国家相关法律、法规的规定和协议、章程的要求出资，提供真实、合法、完整的验资资料，保护资产的安全、完整是全体股东及贵公司的责任。我们的责任是对贵公司新增注册资本的实收情况发表审验意见。我们的审验是依据《中国注册会计师审计准则第1602号—验资》进行的。在审验过程中，我们结合贵公司的实际情况，实施了检查等必要的审验程序。

贵公司原注册资本为人民币壹仟万元整，实收资本为人民币壹仟万元整，根据贵公司股东会决议和修改后的章程规定，贵公司申请增加注册资本人民币壹佰万元整，由赵辉跃于2018年12月05日之前一次性缴足，变更后的注册资本人民币壹仟壹佰万元整。经我们审验，截至2018年12月05日止，贵公司已收到赵辉跃认缴的新增注册资本（实收资本）合计人民币壹佰万元整、资本公积人民币伍拾万元整。股东以货币出资人民币壹佰伍拾万元整。

同时我们注意到，贵公司本次增资前的注册资本人民币壹仟万元整，实收资本壹仟万元整。已经内蒙古正华会计师事务所审验，并于2013年09月01日出具2013年正验字（1118）号验资报告。截至2018年12月05日止，变更后的累计注册资本人民币壹仟壹佰万元整，实收金额人民币壹仟壹佰万元整。

本验资报告供贵公司申请变更登记及据以向股东签发出资证明时使用，不应将其视为对贵公司验资报告日后资本保全、偿债能力和持续经营能力等的保证。因使用不当造成的后果，与执行本验资业务的注册会计师及会计师事务所无关。

附件 1:新增注册资本实收情况明细表

附件 2:注册资本及实收资本变更前后对照表

附件 3:验资事项说明

内蒙古通明会计师事务所　　中国注册会计师：钱留阔

中国・呼和浩特市　　中国注册会计师：田胜仁

2018年12月05日

图 3-16

交通银行（呼和浩特润宇）现金解款单（回　单）①

2018 年 12 月 05 日

收款单位 全　称	内蒙古沃达阀门有限公司	款项来源	个人投资款
收款单位 账　号	150005713352473844316	解款部门	赵辉跃
人民币（大写）：伍拾万元整		十万千百十元角分	5 0 0 0 0 0 0 0

票面	张数	种类	千百十元角分
壹佰元		一元	
五十元		角票	
十元		分币	
五元		封包	
二元			

交通银行呼和浩特润宇支行　2018.12.05　业务专用章（01）

此单证已经验资，不得销毁退票涂改。内蒙古通明会计师事务所，2018年12月05日

（收款银行盖章）

此联由银行盖章后退回单位

银行打印：

(a)

图 3-17

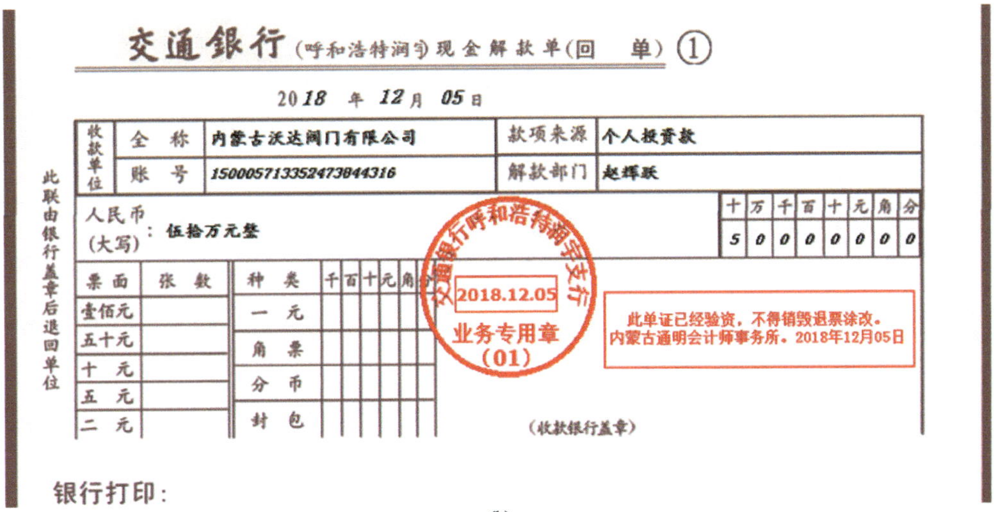

交通银行（呼和浩特润宇）现金解款单（回　单）①

2018 年 12 月 05 日

收款单位	全　称	内蒙古沃达阀门有限公司	款项来源	个人投资款
	账　号	15000571335247384431б	解款部门	赵辉跃
人民币（大写）：伍拾万元整			十万千百十元角分	5 0 0 0 0 0 0 0

票面	张数	种类	千百十元角分
壹佰元		一元	
五十元		角票	
十元		分币	
五元		封包	
二元			

交通银行呼和浩特润宇支行 2018.12.05 业务专用章（01）

此单证已经验资，不得销毁退票涂改。内蒙古通明会计师事务所。2018年12月05日

（收款银行盖章）

此联由银行盖章后退回单位

银行打印：

(b)

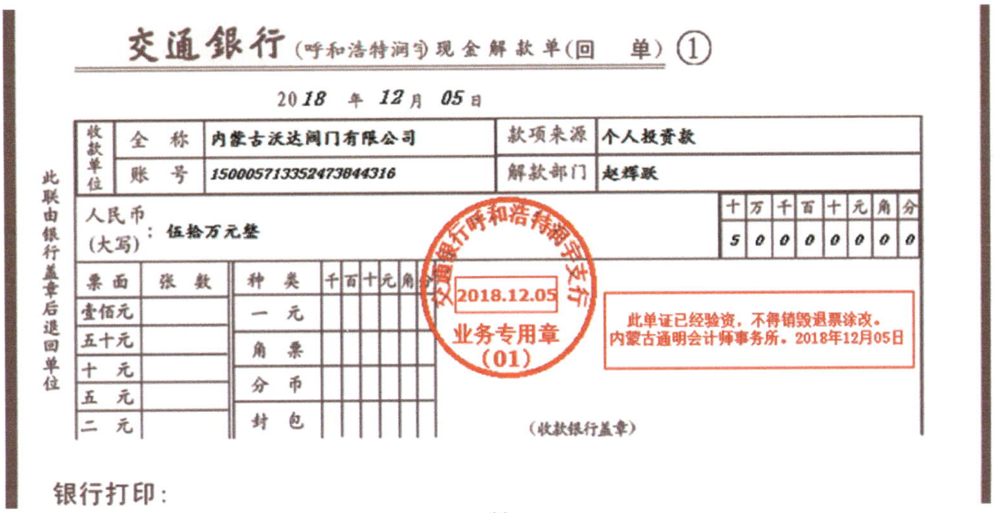

交通银行（呼和浩特润宇）现金解款单（回　单）①

2018 年 12 月 05 日

收款单位	全　称	内蒙古沃达阀门有限公司	款项来源	个人投资款
	账　号	15000571335247384431б	解款部门	赵辉跃
人民币（大写）：伍拾万元整			十万千百十元角分	5 0 0 0 0 0 0 0

票面	张数	种类	千百十元角分
壹佰元		一元	
五十元		角票	
十元		分币	
五元		封包	
二元			

交通银行呼和浩特润宇支行 2018.12.05 业务专用章（01）

此单证已经验资，不得销毁退票涂改。内蒙古通明会计师事务所。2018年12月05日

（收款银行盖章）

此联由银行盖章后退回单位

银行打印：

(c)

图 3-17

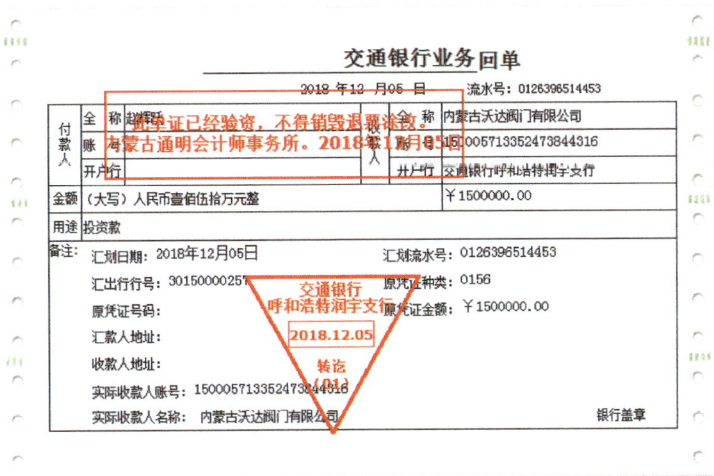

交通银行业务回单

2018 年12 月05 日　流水号：0126396514453

付款人	全称	赵辉跃	收款人	全称	内蒙古沃达阀门有限公司
	账号			账号	150005713352473844316
	开户行			开户行	交通银行呼和浩特润宇支行
金额	（大写）人民币壹佰伍拾万元整				￥1500000.00
用途	投资款				

备注：
汇划日期：2018年12月05日　汇划流水号：0126396514453
汇出行行号：3015000025　原凭证种类：0156
原凭证号码：　原凭证金额：￥1500000.00
汇款人地址：
收款人地址：
实际收款人账号：150005713352473844316
实际收款人名称：内蒙古沃达阀门有限公司

银行盖章

此单证已经验资，不得销毁退票涂改。内蒙古通明会计师事务所。2018年12月05日

交通银行呼和浩特润宇支行 2018.12.05 转讫（01）

图 3-18

【业务 11】

收到兰太实业发放的现金股利 200000 元。（原始单据：略）

【注】总账会计业务。

【业务 12】

5 日，支付会计师事务所验资费用，签发转账支票并填制进账单（提示：支付密码：0557-3174-2860-9107）。付款申请书、转账支票、进账单 3 张如图 3-19 ～图 3-21 所示。

【注】出纳业务。

付款申请书

2018年12月05日

用途及情况	金额											收款单位(人):内蒙古通明会计师事务所
支付验资费用	亿	千	百	十	万	千	百	十	元	角	分	账 号:15000218410941855437
					¥	2	2	2	6	0	0	开户行:中国工商银行呼和浩特赛罕支行
金额（大写）合计:	人民币贰仟贰佰贰拾陆元整											电汇:☐ 信汇:☐ 汇票:☐ 转账:☑ 其他:☐

总经理	王光辉	财务部门	经理	那伯文	业务部门	经理	王彩霞
			会计	孙娟		经办人	张天长

图 3-19

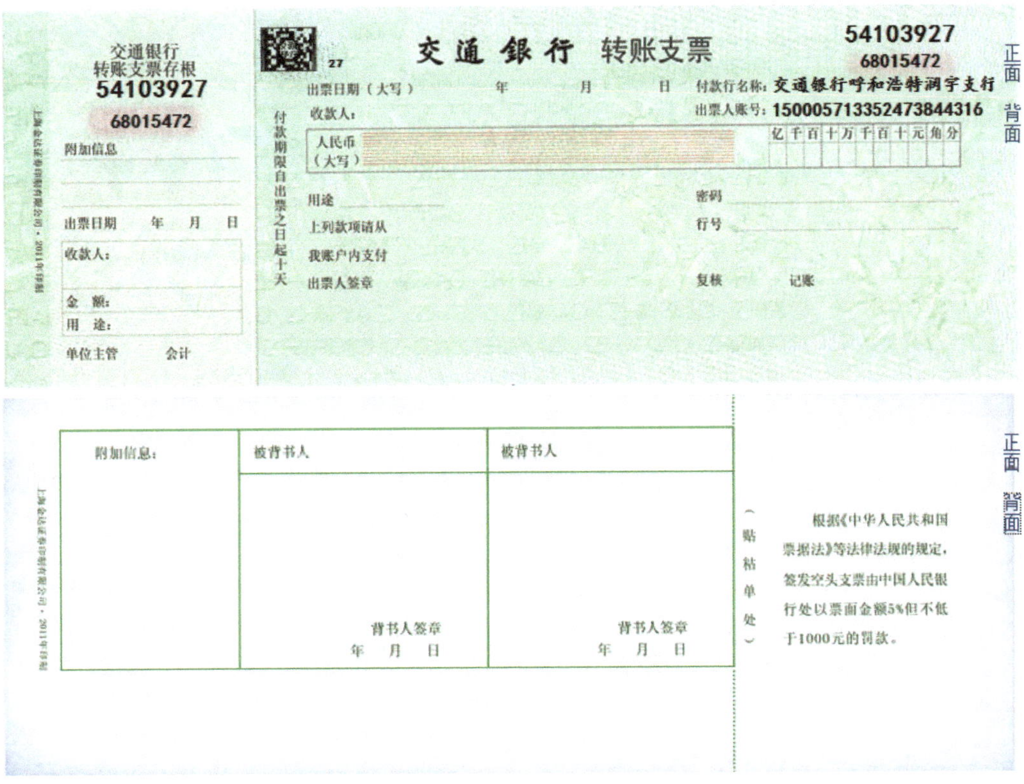
交通银行
转账支票存根
54103927
68015472
附加信息
出票日期 年 月 日
收款人:
金 额:
用 途:
单位主管 会计

交 通 银 行 转账支票 54103927 68015472
出票日期（大写） 年 月 日 付款行名称：交通银行呼和浩特润宇支行
收款人： 出票人账号：15000571335247384431 6
付款期限自出票之日起十天
人民币（大写） 亿 千 百 十 万 千 百 十 元 角 分
用途 密码
上列款项请从 行号
我账户内支付
出票人签章 复核 记账

正面 背面

附加信息： 被背书人 被背书人
背书人签章 年 月 日 背书人签章 年 月 日
（贴粘单处）
根据《中华人民共和国票据法》等法律法规的规定，签发空头支票由中国人民银行处以票面金额5%但不低于1000元的罚款。

图 3-20

交通银行 **进账单**（回　单）　1

年　月　日

出票人	全　称		收款人	全　称	
	账　号			账　号	
	开户银行			开户银行	
金额	人民币（大写）				亿 千 百 十 万 千 百 十 元 角 分
票据种类		票据张数			
票据号码					
复核　记账			开户银行签章		

此联是开户银行交给持票人的回单

(a)

交通银行 **进账单**（贷方凭证）　2

年　月　日

出票人	全　称		收款人	全　称	
	账　号			账　号	
	开户银行			开户银行	
金额	人民币（大写）				亿 千 百 十 万 千 百 十 元 角 分
票据种类		票据张数			
票据号码					
备注：			复核：　记账：		

此联由收款人开户银行作贷方凭证

(b)

交通银行 **进账单**（收账通知）　3

年　月　日

出票人	全　称		收款人	全　称	
	账　号			账　号	
	开户银行			开户银行	
金额	人民币（大写）				亿 千 百 十 万 千 百 十 元 角 分
票据种类		票据张数			
票据号码					
复核　记账			收款人开户银行签章		

此联是收款人开户银行交给收款人的收账通知

(c)

图 3-21

【业务 13】

5 日，支付会计师事务所验资费用。（结合【业务 12】转账支票、进账单、付款申请书及本题背景资料编制记账凭证）增值税专用发票如图 3-22 所示。

【注】总账会计业务。

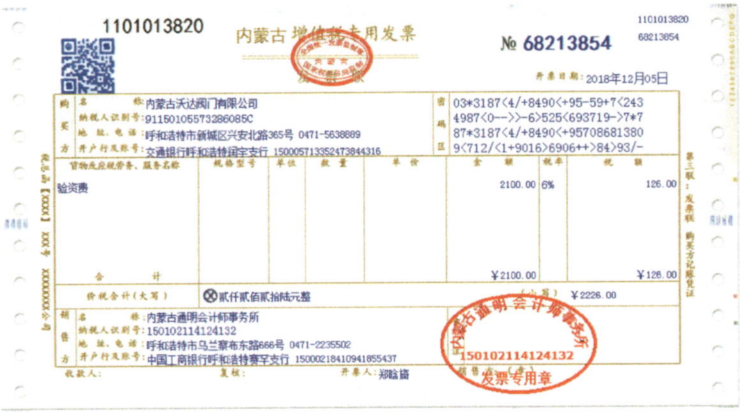
1101013820　内蒙古增值税专用发票　№ 68213854

开票日期：2018年12月05日

购买方	
名　　称	内蒙古沃达阀门有限公司
纳税人识别号	91150105573286085C
地址、电话	呼和浩特市新城区兴安北路365号 0471-5638889
开户行及账号	交通银行呼和浩特润宇支行 150005713352473844316

密码区：03*3187<4/+8490<+95-59+7<243 4987<0-->>-6>525<693719->7*7 87*3187<4/+8490<+95708681380 9<712/<1+9016>6906++>84>93/-

货物或应税劳务、服务名称	规格型号	单位	数量	单价	金额	税率	税额
验资费					2100.00	6%	126.00
合　计					¥2100.00		¥126.00
价税合计（大写）	⊗贰仟贰佰贰拾陆元整				（小写）¥2226.00		

销售方	
名　　称	内蒙古通明会计师事务所
纳税人识别号	150102114124132
地址、电话	呼和浩特市乌兰察布东路666号 0471-2235502
开户行及账号	中国工商银行呼和浩特赛罕支行 15000218410941855437

收款人：　复核：　开票人：郑晗旖　销售方（章）：内蒙古通明会计师事务所 150102114124132 发票专用章

第三联：发票联　购买方记账凭证

图 3-22

【业务 14】

5 日，购入原材料，款已付。付款申请书、转账支票存根、进账单、增值税专用发票、收料单如图 3-23 ～图 3-27 所示。

【注】总账会计业务。

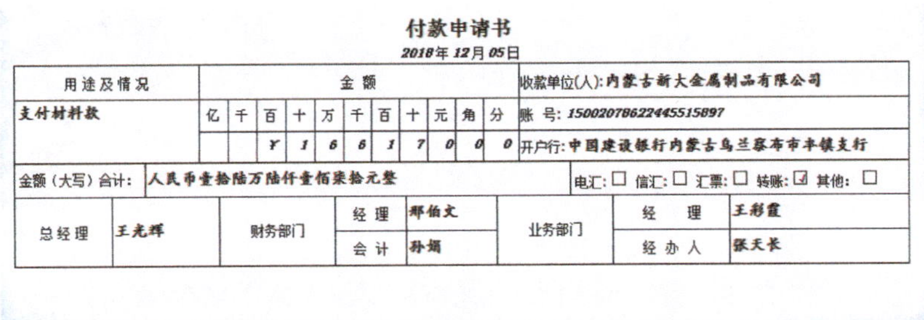
付款申请书

2018年 12月 05日

用途及情况	金额											收款单位(人):内蒙古新大金属制品有限公司
支付材料款	亿	千	百	十	万	千	百	十	元	角	分	账号：15002078622445515897
			¥	1	6	6	1	7	0	0	0	开户行：中国建设银行内蒙古乌兰察布市丰镇支行
金额（大写）合计：	人民币壹拾陆万陆仟壹佰柒拾元整											电汇：□ 信汇：□ 汇票：□ 转账：☑ 其他：□

总经理	王光辉	财务部门	经　理	郑伯文	业务部门	经　理	王彩霞
			会　计	孙娟		经办人	张天长

图 3-23

交通银行
转账支票存根
54103927
68015473
附加信息
出票日期 2018年 12月 05日
收款人：内蒙古新大金属制品有限公司
金　额：¥166170.00
用　途：支付材料款
单位主管　会计

图 3-24

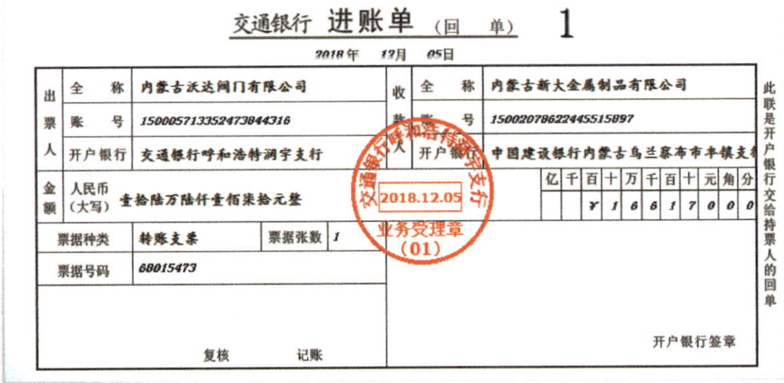
交通银行 进账单（回　单）　1

2018年 12月 05日

出票人		收款人	
全　称	内蒙古沃达阀门有限公司	全　称	内蒙古新大金属制品有限公司
账　号	150005713352473844316	账　号	15002078622445515897
开户银行	交通银行呼和浩特润宇支行	开户银行	中国建设银行内蒙古乌兰察布市丰镇支行
金额 人民币（大写）	壹拾陆万陆仟壹佰柒拾元整	亿 千 百 十 万 千 百 十 元 角 分	¥ 1 6 6 1 7 0 0 0
票据种类	转账支票	票据张数	1
票据号码	68015473		
复核　记账		开户银行签章	

交通银行呼和浩特润宇支行 2018.12.05 业务受理章（01）

此联是开户银行交给持票人的回单

图 3-25

1101118320　　内蒙古增值税专用发票　　№ 48129571

发票联　　1101118320　48129571

开票日期：2018年12月05日

购买方	
名　　称	内蒙古沃达阀门有限公司
纳税人识别号	91150105573286085C
地址、电话	呼和浩特市新城区兴安北路365号 0471-5638889
开户行及账号	交通银行呼和浩特润宇支行 150005713352473844316

密码区：03*3187<4/+8490<+95-59+7<243 4987<0-->>-6>525<693719->7*7 87*3187<4/+8490<+95708681380 9<712/<1+9016>6906++>84>93/-

货物或应税劳务、服务名称	规格型号	单位	数量	单价	金额	税率	税额
铸铜阀体		件	800	80.00	64000.00	16%	10240.00
铸铜阀盖		件	750	35.00	26250.00	16%	4200.00
铸铜支架		套	750	36.00	27000.00	16%	4320.00
阀杆		件	13000	2.00	26000.00	16%	4160.00
合　计					¥143250.00		¥22920.00
价税合计（大写）	⊗壹拾陆万陆仟壹佰柒拾元整				（小写）¥166170.00		

销售方	
名　　称	内蒙古新大金属制品有限公司
纳税人识别号	91150981575669530C
地址、电话	内蒙古自治区乌兰察布市丰镇市氟化工业园区 0474-3786312
开户行及账号	中国建设银行内蒙古乌兰察布市丰镇支行 15002078622445515897

收款人：　　复核：　　开票人：姚东晓　　销售方：（章）

内蒙古新大金属制品有限公司 91150981575669530C 发票专用章

税总函【XXXX】XXX号 XXXXXXXX公司

第三联：发票联 购买方记账凭证

图 3-26

收 料 单

供应单位：内蒙古新大金属制品有限公司　　编号：syi01051

材料类别：原材料　　2018年 12月 05日　　收料仓库：材料库

材料编号	材料名称	规格	计量单位	数量		实际价格				计划价格	
				应收	实收	单价	发票金额	运杂费	合计	单价	金额
00105	铸铜阀体		件	800	800						
00106	铸铜阀盖		件	750	750						
00108	铸铜支架		套	750	750						
00109	阀杆		件	13000	13000						
备注：											

部门经理：王彩霞　　会计：孙娟　　仓库：刘啸　　经办人：张天长

会计联

图 3-27

【业务 15】

6 日，车间领用办公用品。办公用品领用单如图 3-28 所示。

【注】成本会计业务。

办公用品领用单

企业名称：内蒙古沃达阀门有限公司　　2018年12月06日　　金额单位：元

类别	品名	领用数量	单价	金额	领用部门	备注
周转材料（低值易耗品）	抽纸	20条	19.58	391.60	第一车间	洪丽花
周转材料（低值易耗品）	中性笔	10盒	36.10	361.00	第二车间	林元中

审核：邢伯文　　制表：林桂英

图 3-28

【业务 16】

7 日，购入原材料，款未付。增值税专用发票、收料单如图 3-29、图 3-30 所示。

【注】总账会计业务。

1101053820　　内蒙古增值税专用发票　　№ 86917849　　1101053820 86917849

发票联　　开票日期：2018年12月07日

购买方	名称：内蒙古沃达阀门有限公司 纳税人识别号：91150105573286085C 地址、电话：呼和浩特市新城区兴安北路365号 0471-5638889 开户行及账号：交通银行呼和浩特润宇支行 150005713352473844316			密码区	03*3187<4/+8490<+95-59+7<243 4987<0-->>-6>525<693719->7*7 87*3187<4/+8490<+95708681380 9<712/<1+9016>6906++>84>93/-		
货物或应税劳务、服务名称	规格型号	单位	数量	单价	金额	税率	税额
轴套		个	26500	1.50	39750.00	16%	6360.00
弹簧		个	8800	0.15	1320.00	16%	211.20
螺母		个	44000	0.20	8800.00	16%	1408.00
合计					¥49870.00		¥7979.20
价税合计（大写）	⊗伍万柒仟捌佰肆拾玖元贰角整				（小写）¥57849.20		
销售方	名称：内蒙古辉城锻压法兰厂 纳税人识别号：91150214A80633344K 地址、电话：内蒙古自治区呼和浩特市新城区毫沁营村 0471-3546365 开户行及账号：中国建设银行内蒙古呼和浩特新城支行 15002061822663315478			备注			

收款人：　　复核：　　开票人：罗春映　　销售方：（章）

内蒙古辉城锻压法兰厂 91150214A80633344K 发票专用章

税总函【XXXX】XXX号 XXXXXXXX公司

第三联：发票联　购买方记账凭证

图 3-29

收 料 单

供应单位：内蒙古辉城锻压法兰厂　　编号：syi01052

材料类别：原材料　　2018年 12月 07日　　收料仓库：材料库

材料编号	材料名称	规格	计量单位	数量		实际价格				计划价格	
				应收	实收	单价	发票金额	运杂费	合计	单价	金额
00110	轴套		个	26500	26500						
00111	弹簧		个	8800	8800						
00112	螺母		个	44000	44000						
备注：											

部门经理：王彩霞　　会计：孙娟　　仓库：刘啸　　经办人：张天长

会计联

图 3-30

【业务 17】

10 日，收到前欠货款。进账单如图 3-31 所示。

【注】总账会计业务。

交通银行 进账单（收账通知） 3

2018年 12月 10日

出票人	全称	内蒙古良工阀门销售有限公司	收款人	全称	内蒙古沃达阀门有限公司
	账号	15002082452773072599		账号	150005713352473844316
	开户银行	中国农业银行内蒙古呼和浩特新城支		开户银行	交通银行呼和浩特润宇支行
金额	人民币（大写）	伍拾伍万元整		亿千百十万千百十元角分	¥ 5 5 0 0 0 0 0 0
票据种类	转账支票	票据张数 1			
票据号码	54103862				
	复核　记账			收款人开户银行签章	

交通银行 呼和浩特润宇支行 2018.12.10 转讫 (01)

此联是收款人开户银行交给收款人的收账通知

图 3-31

【业务 18】

10 日，发放上月工资。批量成功代付清单、工资结算汇总表、转账支票存根、进账单如图 3-32 ～图 3-35 所示。

【注】总账会计业务。

特色业务交通银行呼和浩特润宇支行批量成功代付清单

机构代码：1823　　　交通银行呼和浩特润宇支行 入账日期：2018年12月10日

账号	姓名	金额
410001049140125821901	谌沃达	9543.80
410019381295478129412	王光辉	7299.00
410001829342117838595	邢伯文	6488.96
410004182319075129567	王彩霞	5578.70
410002172382184567483	卢大兴	4495.22
410001283197548323954	郑拓	5228.60
410004182819321842185	李兴萍	4872.55
410001717238995728435	孙娟	3740.56
410001828312754589127	李志豪	3740.56
以下略	…	…
合计		319002.43

图 3-32

工资结算汇总表

2018年11月30日　　　　金额单位：元

部门		短期薪酬	代扣工资							实发金额
		应付工资	三险一金基数	养老保险	失业保险	医疗保险	住房公积金	个人所得税	小计	
				8.00%	0.2%	2%+3	12%			
第一车间	生产工人	151000.00	147400.00	11792.00	294.80	3071.00	17688.00		32845.80	118154.20
	管理人员	13500.00	12600.00	1008.00	25.20	258.00	1512.00	70.10	2873.30	10626.70
第二车间	生产工人	125000.00	120300.00	9624.00	240.60	2499.00	14436.00	0.00	26799.60	98200.40
	管理人员	14500.00	12600.00	1008.00	25.20	258.00	1512.00	70.10	2873.30	11626.70
管理部门		70300.00	70300.00	5624.00	140.60	1436.00	8436.00	1206.35	16842.95	53457.05
销售部门		35100.00	35100.00	2808.00	70.20	717.00	4212.00	355.42	8162.62	26937.38
合计		409400.00	398300.00	31864.00	796.60	8239.00	47796.00	1701.97	90397.57	319002.43

审核：邢伯文　　　　制单：孙娟

图 3-33

交通银行
转账支票存根
54103927
68015474
附加信息
出票日期2018年12月10日
收款人：内蒙古沃达阀门有限公司
金　额：¥319002.43
用　途：发放工资
单位主管　　会计

图 3-34

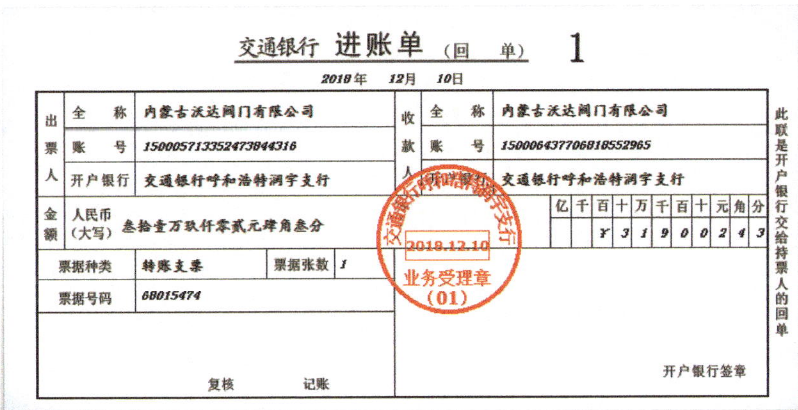
交通银行 进账单（回　单）　1

2018年　12月　10日

出票人	全　称	内蒙古沃达阀门有限公司	收款人	全　称	内蒙古沃达阀门有限公司
	账　号	150005713352473844316		账　号	150006437706818552965
	开户银行	交通银行呼和浩特润宇支行		开户银行	交通银行呼和浩特润宇支行
金额	人民币（大写）	叁拾壹万玖仟零贰元肆角叁分		亿千百十万千百十元角分	¥31900243
票据种类	转账支票	票据张数 1			
票据号码	68015474				
复核　记账			开户银行签章		

交通银行呼和浩特润宇支行 2018.12.10 业务受理章（01）

此联是开户银行交给持票人的回单

图 3-35

【业务 19】

12 日，缴纳本月住房公积金。转账支票存根、公积金汇（补）缴书、住房公积金计算表如图 3-36 ～图 3-38 所示。

【注】总账会计业务。

交通银行
转账支票存根
54103927
68015475
附加信息
出票日期2018年12月12日
收款人：内蒙古沃达阀门有限公司
金　额：¥95592.00
用　途：缴纳公积金
单位主管　　会计

图 3-36

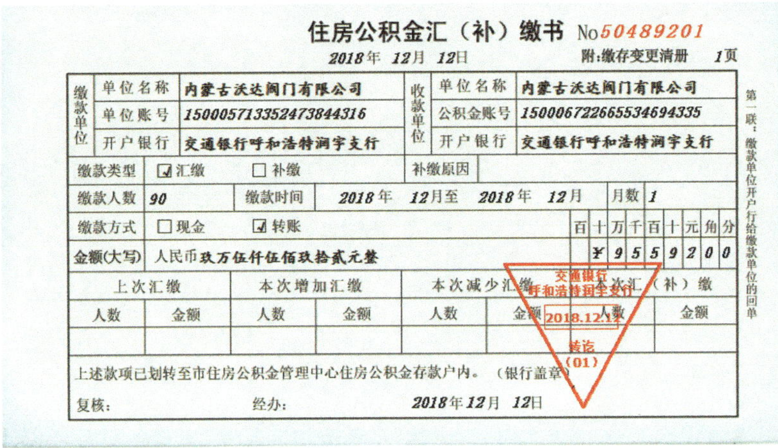

住房公积金汇（补）缴书 No50489201

2018年 12月 12日　　附:缴存变更清册 1页

缴款单位	单位名称	内蒙古沃达阀门有限公司	收款单位	单位名称	内蒙古沃达阀门有限公司
	单位账号	150005713352473844316		公积金账号	150006722665534694335
	开户银行	交通银行呼和浩特润宇支行		开户银行	交通银行呼和浩特润宇支行

缴款类型：☑汇缴　☐补缴　补缴原因：

缴款人数：90　缴款时间：2018年12月至2018年12月　月数：1

缴款方式：☐现金　☑转账

金额(大写)：人民币玖万伍仟伍佰玖拾贰元整　¥95592.00

上次汇缴		本次增加汇缴		本次减少汇缴		本次汇（补）缴	
人数	金额	人数	金额	人数	金额	人数	金额

上述款项已划转至市住房公积金管理中心住房公积金存款户内。（银行盖章）

复核：　　经办：　　2018年12月12日

交通银行呼和浩特润宇支行 2018.12.12 转讫 (01)

第一联：缴款单位开户行给缴款单位的回单

图 3-37

住房公积金计算表

2018年12月12日　　金额单位：元

部门		缴费基数	短期薪酬（住房公积金）		
			企业承担部分	个人承担部分	小计
			12%	12%	24%
第一车间	生产工人	147400.00	17688.00	17688.00	35376.00
	管理人员	12600.00	1512.00	1512.00	3024.00
第二车间	生产工人	120300.00	14436.00	14436.00	28872.00
	管理人员	12600.00	1512.00	1512.00	3024.00
管理部门		70300.00	8436.00	8436.00	16872.00
销售部门		35100.00	4212.00	4212.00	8424.00
合计		398300.00	47796.00	47796.00	95592.00

审核：邢伯文　　制单：孙娟

图 3-38

【业务 20】

12 日，缴纳本月社会保险费。电子缴税付款凭证、社会保险费计算表如图 3-39、图 3-40 所示。

【注】总账会计业务。

交通银行（呼和浩特润宇　　）分行电子缴税付款凭证
BANK OF COMMUNICATIONS

转帐日期：2018年　12月　12日　　凭证字号：57989104

纳税人全称及纳税人识别号：内蒙古沃达阀门有限公司 91150105573286085C

付款人全称：内蒙古沃达阀门有限公司
付款人账号：150005713352473844316　　征收机关名称：呼和浩特市新城区地方税务局
付款人开户银行：交通银行呼和浩特润宇支行　　收款国库（银行）名称：国家金库呼和浩特市新城支库（代
小写（合计）金额：￥163573.00　　缴款书交易流水号：1023578995320141
大写（合计）金额：人民币壹拾陆万叁仟伍佰柒拾叁元整　　税票号码：48710368

税（费）种名称	所属日期	实缴金额
社保费（养老）	20181201-20181231	107541.00
社保费（医疗）	20181201-20181231	48066.00
社保费（失业）	20181201-20181231	3983.00
社保费（工伤）	20181201-20181231	796.60
社保费（生育）	20181201-20181231	3186.40

交通银行呼和浩特润宇支行　2018.12.12　业务专用章（01）

打印时间：2018年12月12日

会计流水号：318970234569872　　复核：　　记账：

第二联　作付款回单（无银行收讫章无效）

图 3-39

社会保险费计算表

2018年12月12日　　　　金额单位：元

部门		缴费基数	短期薪酬				离职后福利				小计
			医疗保险		工伤保险	生育保险	养老保险		失业保险		
			企业承担部分	个人承担部分	全部企业承担	全部企业承担	企业承担部分	个人承担部分	企业承担部分	个人承担部分	
			10.00%	2%+3	0.20%	0.80%	19.00%	8.00%	0.80%	0.20%	
第一车间	生产工人	147400.00	14740.00	3071.00	294.80	1179.20	28006.00	11792.00	1179.20	294.80	60557.00
	管理人员	12600.00	1260.00	258.00	25.20	100.80	2394.00	1008.00	100.80	25.20	5172.00
第二车间	生产工人	120300.00	12030.00	2496.00	240.60	962.40	22857.00	9624.00	962.40	240.60	49413.00
	管理人员	12600.00	1260.00	258.00	25.20	100.80	2394.00	1008.00	100.80	25.20	5172.00
销售部门		70300.00	7030.00	1436.00	140.60	562.40	13357.00	5624.00	562.40	140.60	28853.00
管理部门		35100.00	3510.00	717.00	70.20	280.80	6669.00	2808.00	280.80	70.20	14406.00
合计		398300.00	39830.00	8236.00	796.60	3186.40	75677.00	31864.00	3186.40	796.60	163573.00

审核：邢伯文　　　　制单：孙娟

图 3-40

【业务 21】

12 日，拨交上月工会经费。转账支票存根、工会专用结算凭证、电子缴税付款凭证如图 3-41 ～图 3-43 所示。

【注】总账会计业务。

交通银行
转账支票存根
54103927
68015476
附加信息

出票日期2018年 12 月 12 日
收款人：内蒙古沃达阀门有限公司
金　额：￥4912.80
用　途：缴纳工会经费
单位主管　　会计

图 3-41

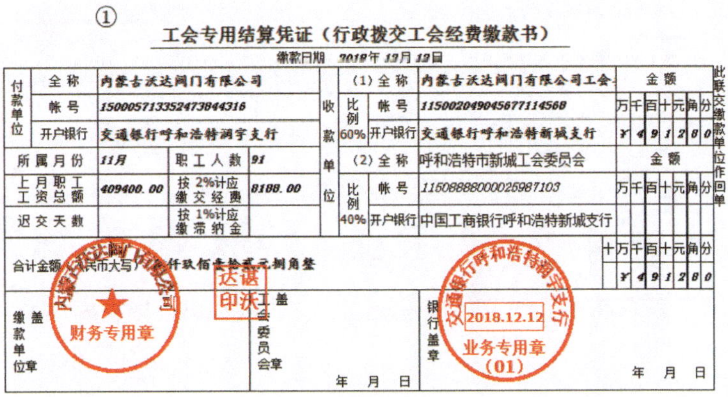

①
工会专用结算凭证（行政拨交工会经费缴款书）
缴款日期　2018年 12月 12日

付款单位　全称：内蒙古沃达阀门有限公司
帐号：150005713352473844316
开户银行：交通银行呼和浩特润宇支行
所属月份：11月　职工人数：91
上月职工工资总额：409400.00　按2%计应缴交经费：8188.00
迟交天数：　按1%计应缴滞纳金：

收款单位
（1）全称：内蒙古沃达阀门有限公司工会　比例60%
帐号：115002049045677114568
开户银行：交通银行呼和浩特新城支行
金额：￥4912.80
（2）全称：呼和浩特市新城工会委员会　比例40%
帐号：11508888000025987103
开户银行：中国工商银行呼和浩特新城支行
金额：

合计金额（人民币大写）肆仟玖佰壹拾贰元捌角整　￥4912.80

缴款单位盖章　内蒙古沃达阀门有限公司　财务专用章
工会委员会盖章　沃达印谌　年　月　日
银行盖章　交通银行呼和浩特润宇支行　2018.12.12　业务专用章（01）　年　月　日

此联交缴款单位作回单

图 3-42

交通银行 BANK OF COMMUNICATIONS（呼和浩特润宇　　）分行电子缴税付款凭证

转帐日期：2018年　12月　12日　　　　凭证字号：57989106

纳税人全称及纳税人识别号：内蒙古沃达阀门有限公司 91150105573286085C

付款人全称：内蒙古沃达阀门有限公司

付款人账号：150005713352473844316　　　征收机关名称：呼和浩特市新城区地方税务局

付款人开户银行：交通银行呼和浩特润宇支行　　　收款国库（银行）名称：国家金库呼和浩特市新城支库（代

小写（合计）金额：￥3275.20　　　缴款书交易流水号：102357899532014З

大写（合计）金额：人民币叁仟贰佰柒拾伍元贰角整　　　税票号码：48710370

税（费）种名称	所属日期	实缴金额
工会经费	20181101-20181130	3275.20

交通银行呼和浩特润宇支行　2018.12.12　业务专用章（01）

打印时间：2018年12月12日

会计流水号：318970234569874　　　复核：　　　记账：

A-026-2000-2-2006-苏州市印刷厂

第二联　作付款回单（无银行收讫章无效）

图 3-43

【业务 22】

12 日，通过银企税系统缴纳税费。电子缴税付款凭证——增值税、电子缴税付款凭证——教育费附加等、电子缴税付款凭证——个人所得税如图 3-44 ～图 3-46 所示。

【注】总账会计业务。

交通银行 BANK OF COMMUNICATIONS（呼和浩特润宇　　）分行电子缴税付款凭证

转帐日期：2018年　12月　12日　　　　凭证字号：57989108

纳税人全称及纳税人识别号：内蒙古沃达阀门有限公司 91150105573286085C

付款人全称：内蒙古沃达阀门有限公司

付款人账号：150005713352473844316　　　征收机关名称：呼和浩特市新城区国家税务局

付款人开户银行：交通银行呼和浩特润宇支行　　　收款国库（银行）名称：国家金库呼和浩特市新城支库

小写（合计）金额：￥227678.00　　　缴款书交易流水号：102357899532014５

大写（合计）金额：人民币贰拾贰万柒仟陆佰柒拾捌元整　　　税票号码：48710371

税（费）种名称	所属日期	实缴金额
增值税	20181101-20181130	227678.00

交通银行呼和浩特润宇支行　2018.12.12　业务专用章（01）

打印时间：2018年12月12日

会计流水号：318970234569875　　　复核：　　　记账：

A-026-2000-2-2006-苏州市印刷厂

第二联　作付款回单（无银行收讫章无效）

图 3-44

图3-4[illegible]

【业务22】

[illegible]

图3-4[illegible]

交通银行 BANK OF COMMUNICATIONS （呼和浩特润宇 ）分行电子缴税付款凭证

转帐日期： 2018年 12月 12日 凭证字号：57989109

纳税人全称及纳税人识别号：内蒙古沃达阀门有限公司 91150105573286085C

付款人全称：内蒙古沃达阀门有限公司

付款人账号：150005713352473844316

付款人开户银行：交通银行呼和浩特润宇支行

小写（合计）金额：￥27321.36

大写（合计）金额：人民币贰万柒仟叁佰贰拾壹元叁角陆分

征收机关名称：呼和浩特市新城区地方税务局

收款国库（银行）名称：国家金库呼和浩特市新城支库（代

缴款书交易流水号：1023578995320146

税票号码：48710372

税（费）种名称	所属日期	实缴金额
城市维护建设税	20181101-20181130	15937.46
教育费附加	20181101-20181130	6830.34
地方教育附加	20181101-20181130	4553.56

交通银行呼和浩特润宇支行 2018.12.12 业务专用章 (01)

打印时间：2018年12月12日

会计流水号：318970234569876 复核： 记账：

A-026-2000-2-2006-苏州市印刷厂

第二联 作付款回单（无银行收讫章无效）

图 3-45

交通银行 BANK OF COMMUNICATIONS （呼和浩特润宇 ）分行电子缴税付款凭证

转帐日期： 2018年 12月 12日 凭证字号：57989110

纳税人全称及纳税人识别号：内蒙古沃达阀门有限公司 91150105573286085C

付款人全称：内蒙古沃达阀门有限公司

付款人账号：150005713352473844316

付款人开户银行：交通银行呼和浩特润宇支行

小写（合计）金额：￥1701.97

大写（合计）金额：人民币壹仟柒佰零壹元玖角柒分

征收机关名称：呼和浩特市新城区地方税务局

收款国库（银行）名称：国家金库呼和浩特市新城支库（代

缴款书交易流水号：1023578995320147

税票号码：48710373

税（费）种名称	所属日期	实缴金额
个人所得税	20181101-20181130	1701.97

交通银行呼和浩特润宇支行 2018.12.12 业务专用章 (01)

打印时间：2018年12月12日

会计流水号：318970234569877 复核： 记账：

A-026-2000-2-2006-苏州市印刷厂

第二联 作付款回单（无银行收讫章无效）

图 3-46

【业务 23】

14 日，非货币性资产交换。（提示：该资产交换具有商业实质）资产置换协议、固定资产验收单、销售单、增值税专用发票 2 张、电子汇划收款回单如图 3-47 ～图 3-52 所示。

【注】总账会计业务。

资产置换协议书

甲方：内蒙古沃达阀门有限公司

乙方：广东粤华通用机械设备有限公司

一、置换资产

1. 甲方拟以其生产的铸铁阀门及铸铜阀门与乙方拥有的数控冲床等值置换，乙方亦同意进行该项交易。铸铁阀门及铸铜阀门在交换日的市场价格为人民币贰拾肆万元整（￥240000.00）。经评估乙方数控冲床的公允价值为人民币壹拾玖万玖仟元整（￥199000.00）。

2. 双方于2018年12月14日前办理资产产权划转手续，并进行资产交换。

二、声明和保证

1. 甲、乙双方所拥有的置换资产均为其各自拥有的合法资产。

2. 甲、乙双方将分别按照各公司章程的有关规定，将本协议约定的资产置换事项报各公司股东大会批准。

3. 甲、乙双方均有义务配合对方办理本次资产置换所涉及的产权过户手续，包括但不限于提供相关文件及在产权过户文件上签字、盖章等。

三、资产交割日

本协议生效后，双方协商确定资产交割日，资产交割日后置换资产所发生的资产损益由置入方各自承担和享有，但在资产交接之前，置出方有义务妥善维护和使用置出资产，否则，应当赔偿因此给对方造成的损失。

四、资产交付

双方应当于协商确定的资产交割日期将其置换资产交付对方。

五、税费承担

因本次资产置换发生的相关税费按照有关法律规定，由双方各自承担。

……

九、违约责任

任一方违反本协议约定的义务给对方造成损失的，应当向守约方承担赔偿责任。

甲方：内蒙古沃达阀门有限公司　　乙方：广东粤华通用机械设备有限公司

授权代表：谌泛　　授权代表：秦昌民

日期：2018年12月14日　　日期：2018年12月14日

图 3-47

固定资产验收单

2018年 12月 14日　　编号：60187

名称	规格型号		来源	数量	购（造）价	使用年限	预计残值
数控冲床	STSK-T25		资产交换	1	￥199000.00	10年	￥7960.00
安装费	月折旧率		建造单位		交工日期	附件	
	0.80%				2018年 12月 14日		
验收部门	董姣晗	验收人员	程甘念	管理部门	行政部	管理人员	林经青
备注	将自产产品与广东粤华通用机械设备有限公司数控冲床交换（不需安装）						

审核：方国英　　制单：熊比俩

图 3-48

销 售 单

购货单位：广东粤华通用机械设备有限公司　地址和电话：广州市天河区科新路旧猪场一社工业区3号602房 020-28300126　单据编号：syu0054

纳税识别号：中国工商银行广州天河支行　开户行及账号：中国工商银行天津河东支行 4403887656235566899　制单日期：2018年12月14日

编码	产品名称	规格	单位	单价	数量	金额	备注
01	铸铁阀门		个	1100.00	150	165000.00	不含税价
02	铸铜阀门		个	1500.00	50	75000.00	
合计	人民币（大写）：贰拾肆万元整					¥240000.00	

会计联

总经理：王光辉　销售经理：刘管恩　经手人：刘啸　会计：孙娟　签收人：卢爱来

图 3-49

1101061820　**内蒙古增值税专用发票**　№ 84917589　1101061820 84917589

此联不作报销、扣税凭证使用　开票日期：2018年12月14日

购买方	名称：广东粤华通用机械设备有限公司 纳税人识别号：91440101581896414U 地址、电话：广州市天河区科新路旧猪场一社工业区3号602房 020-28300126 开户行及账号：中国工商银行广州天河支行 4403887656235566899
密码区	03*3187<4/+8490<+95-59+7<243 4987<0-->>-6>525<693719->7*7 87*3187<4/+8490<+95708681380 9<712/<1+9016>6906++>84>93/-

货物或应税劳务、服务名称	规格型号	单位	数量	单价	金额	税率	税额
铸铁阀门		个	150	1100.00	165000.00	16%	26400.00
铸铜阀门		个	50	1500.00	75000.00	16%	12000.00
合计					¥240000.00		¥38400.00
价税合计（大写）	⊗贰拾柒万捌仟肆佰元整				（小写）¥278400.00		

销售方	名称：内蒙古沃达阀门有限公司 纳税人识别号：91150105573286085C 地址、电话：呼和浩特市新城区兴安北路365号 0471-5638889 开户行及账号：交通银行呼和浩特润宇支行 150005713352473844316
备注	

收款人：　复核：　开票人：侯波　销售方：（章）

印章：内蒙古沃达阀门有限公司 91150105573286085C 发票专用章

第一联：记账联 销售方记账凭证

税总函【XXXX】XXX号 XXXXXXX公司

图 3-50

1021021490　**广东增值税专用发票**　№ 31278904　1021021490 31278904

发票联　开票日期：2018年12月14日

购买方	名称：内蒙古沃达阀门有限公司 纳税人识别号：91150105573286085C 地址、电话：呼和浩特市新城区兴安北路365号 0471-5638889 开户行及账号：交通银行呼和浩特润宇支行 150005713352473844316
密码区	03*3187<4/+8490<+95-59+7<243 4987<0-->>-6>525<693719->7*7 87*3187<4/+8490<+95708681380 9<712/<1+9016>6906++>84>93/-

货物或应税劳务、服务名称	规格型号	单位	数量	单价	金额	税率	税额
数控冲床	STSK-T25	台	1	199000.00	199000.00	16%	31840.00
合计					¥199000.00		¥31840.00
价税合计（大写）	⊗贰拾叁万零捌佰肆拾元整				（小写）¥230840.00		

销售方	名称：广东粤华通用机械设备有限公司 纳税人识别号：91440101581896414U 地址、电话：广州市天河区科新路旧猪场一社工业区3号602房 020-28300126 开户行及账号：中国工商银行广州天河支行 4403887656235566899
备注	

收款人：　复核：　开票人：卢爱来　销售方：（章）

印章：广东粤华通用机械设备有限公司 91440101581896414U 发票专用章

第三联：发票联 购买方记账凭证

税总函【XXXX】XXX号 XXXXXXX公司

图 3-51

交通银行电子汇划收款回单

2018 年12 月14 日　　流水号：032145798021453

付款人	全 称	广东粤华通用机械设备有限公司	收款人	全 称	内蒙古沃达阀门有限公司
	账 号	4403887656235566899		账 号	150005713352473844316
	开户行	中国工商银行广州天河支行		开户行	交通银行呼和浩特润宇支行
金额	（大写）人民币肆万柒仟伍佰陆拾元整				￥47560.00
用途	补差款				

备注：

汇划日期：2018年12月14日　　汇划流水号：032145798021453

汇出行行号：445290011087　　原凭证种类：0152

原凭证号码：　　原凭证金额：￥47560.00

汇款人地址：

收款人地址：

实际收款人账号：110002049052486152337

实际收款人名称：内蒙古沃达阀门有限公司

交通银行 呼和浩特润宇支行 2018.12.14 转讫 （01）

银行盖章

图 3-52

【业务 24】

14 日，购入办公楼一幢（当月付款 50%，余款下月支付）。增值税专用发票、固定资产验收单、电子银行转账凭证回单如图 3-53 ～图 3-55 所示。

【注】总账会计业务。

1101165130　　**内蒙古增值税专用发票**　　№ 38375722　　1101165130　38375722

开票日期：2018年12月14日

购买方	名 称：内蒙古沃达阀门有限公司 纳税人识别号：91150105573286085C 地 址、电 话：呼和浩特市新城区兴安北路365号 0471-5638889 开户行及账号：交通银行呼和浩特润宇支行 150005713352473844316	密码区	1-2<*1-/33/>8<>*383*-<>415/ 73>-7>>8>>>51/-649*/-33**>7 8-8-*2-/48-08->0747>*->236> 57+*7>>7</-82<-811+--58>-<3

货物或应税劳务、服务名称	规格型号	单位	数量	单价	金额	税率	税额
办公楼		幢	1	1000000.00	1000000.00	10%	100000.00
合计					￥1000000.00		￥100000.00
价税合计（大写）	⊗壹佰壹拾万元整				（小写）		￥1100000.00

销售方	名 称：内蒙古荣升房地产开发有限责任公司 纳税人识别号：911501007830299171 地 址、电 话：呼和浩特市赛罕区低碳经济总部大厦八层801室 0471-2344786 开户行及账号：中国银行呼和浩特赛罕支行 15006589902145392312	备注	内蒙古荣升房地产开发有限责任公司 911501007830299171 发票专用章

收款人：　　复核：　　开票人：张雪梅　　销售方：（章）

第三联：发票联 购买方记账凭证

图 3-53

固定资产验收单

2018年 12月 14日　　　　编号：60429

<table>
<tr><td>名称</td><td colspan="2">规格型号</td><td>来源</td><td>数量</td><td>购（造）价</td><td>使用年限</td><td>预计残值</td></tr>
<tr><td>办公楼</td><td colspan="2"></td><td>外购</td><td>1</td><td>¥1000000.00</td><td>20年</td><td>¥40000.00</td></tr>
<tr><td>安装费</td><td colspan="2">月折旧率</td><td colspan="2">建造单位</td><td>交工日期</td><td colspan="2">附件</td></tr>
<tr><td></td><td colspan="2">0.40%</td><td colspan="2">内蒙古荣升房地产开</td><td>2018年 12月 14日</td><td colspan="2"></td></tr>
<tr><td>验收部门</td><td>技术部门</td><td>验收人员</td><td>邓汉明</td><td>管理部门</td><td>行政部门</td><td>管理人员</td><td>罗少甫</td></tr>
<tr><td>备注</td><td colspan="7">本办公楼已经过检验，可投入办公使用。</td></tr>
</table>

审核：王芷江　　　　制单：龙晓娟

图 3-54

电子银行转账凭证回单

2018 年12 月14 日　　　流水号：048192041876310

<table>
<tr><td rowspan="3">付款人</td><td>全　称</td><td>内蒙古沃达阀门有限公司</td><td rowspan="3">收款人</td><td>全　称</td><td>内蒙古荣升房地产开发有限责任公司</td></tr>
<tr><td>账　号</td><td>150005713352473844316</td><td>账　号</td><td>15006589902145392312</td></tr>
<tr><td>开户行</td><td>交通银行呼和浩特润宇支行</td><td>开户行</td><td>中国银行呼和浩特赛罕支行</td></tr>
<tr><td>金额</td><td colspan="3">（大写）人民币伍拾伍万元整</td><td colspan="2">¥550000.00</td></tr>
<tr><td>用途</td><td colspan="5">办公楼款</td></tr>
<tr><td colspan="6">备注：
汇划日期：2018年12月14日　　汇划流水号：048192041876310
汇出行行号：152100083160　　原凭证种类：8190
原凭证号码：　　原凭证金额：¥550000.00
汇款人地址：
收款人地址：
实际收款人账号：15006589902145392312
实际收款人名称：内蒙古荣升房地产开发有限责任公司
交通银行 呼和浩特润宇支行 2018.12.14 转讫（01）
银行盖章</td></tr>
</table>

图 3-55

【业务 25】

15 日，银行承兑汇票贴现，填制贴现凭证，每月贴现率 0.6%。（提示：出纳凭填制的贴现凭证，到银行台办理贴现手续，取回贴现凭证的收账通知联并交总账会计）银行承兑汇票复印件、贴现凭证 5 张如图 3-56、图 3-57 所示。

【注】出纳业务。

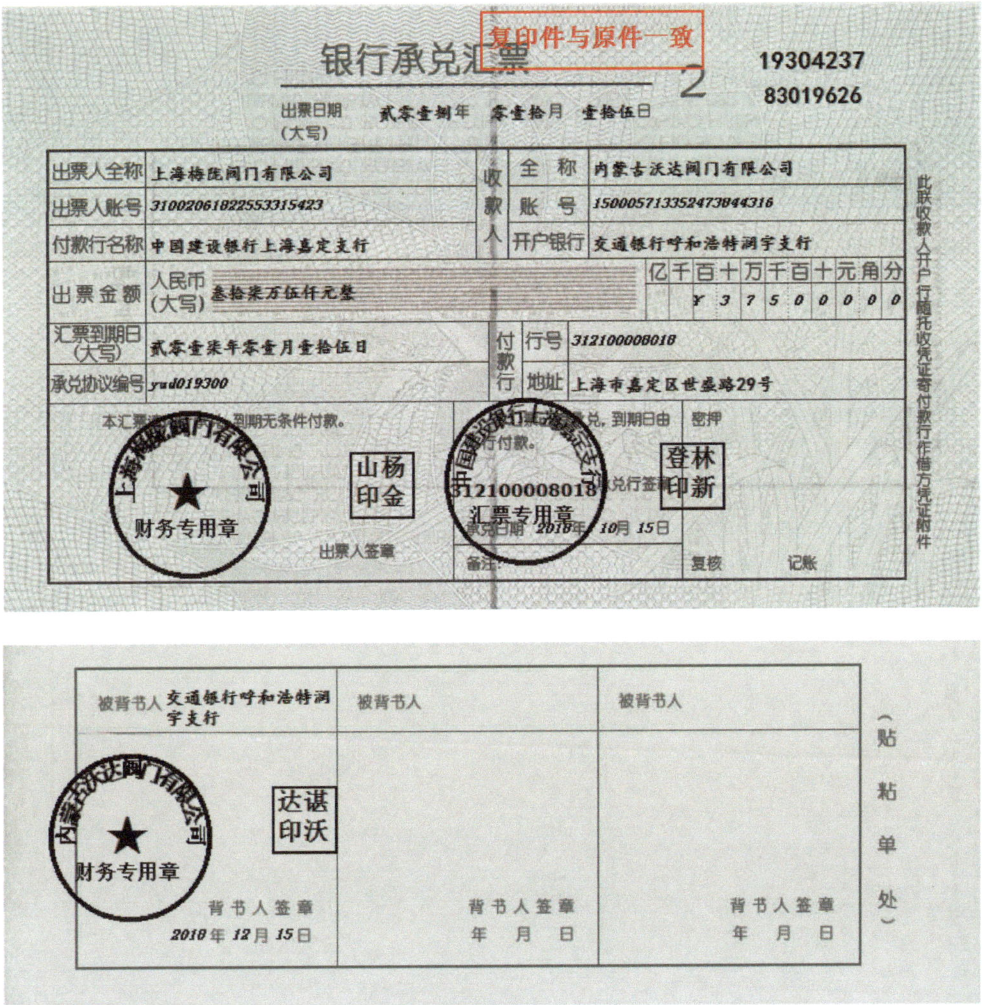

银行承兑汇票　2　19304237　83019626

复印件与原件一致

出票日期（大写）　贰零壹捌年　零壹拾月　壹拾伍日

出票人全称	上海梅陇阀门有限公司	收款人	全　称	内蒙古沃达阀门有限公司	
出票人账号	31002061822553315423		账　号	150005713352473844316	
付款行名称	中国建设银行上海嘉定支行		开户银行	交通银行呼和浩特润宇支行	
出票金额	人民币（大写）叁拾柒万伍仟元整			亿千百十万千百十元角分	¥37500000
汇票到期日（大写）	贰零壹柒年零壹月壹拾伍日	付款行	行号	312100008018	
承兑协议编号	yud019300		地址	上海市嘉定区世盛路29号	

本汇票请你行承兑，到期无条件付款。　上海梅陇阀门有限公司 财务专用章　山杨印金　出票人签章

本汇票已经承兑，到期日由本行付款。　中国建设银行上海嘉定支行 312100008018 汇票专用章　承兑行签章　登林印新　承兑日期 2018年 10月 15日　备注：

密押　复核　记账

此联收款人开户行随托收凭证寄付款行作借方凭证附件

被背书人 交通银行呼和浩特润宇支行	被背书人	被背书人
内蒙古沃达阀门有限公司 财务专用章　达谌印沃 背书人签章 2018年 12月 15日	背书人签章 年　月　日	背书人签章 年　月　日

（贴粘单处）

图 3-56

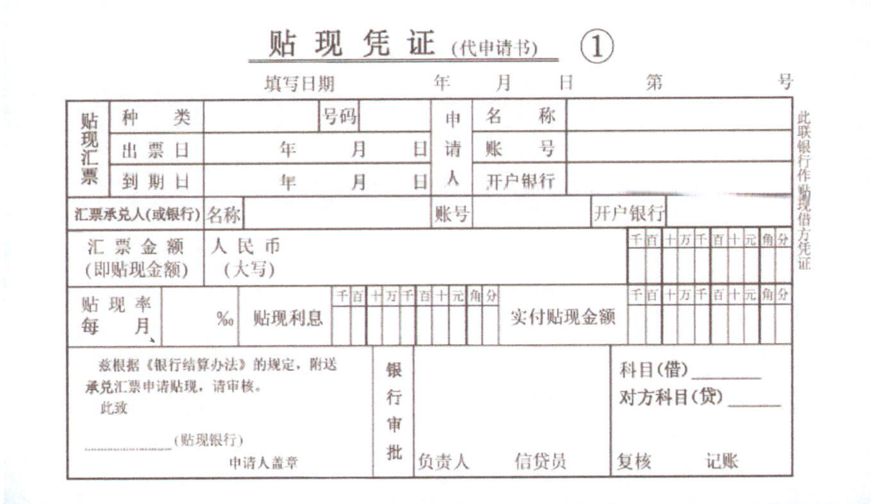

贴现凭证（代申请书）　①

填写日期　年　月　日　第　号

贴现汇票	种　类		号码		申请人	名　称	
	出票日	年　月　日				账　号	
	到期日	年　月　日				开户银行	
汇票承兑人（或银行）	名称		账号		开户银行		
汇票金额（即贴现金额）	人民币（大写）					千百十万千百十元角分	
贴现率 每　月	‰	贴现利息	千百十万千百十元角分		实付贴现金额	千百十万千百十元角分	
兹根据《银行结算办法》的规定，附送承兑汇票申请贴现，请审核。此致 （贴现银行） 申请人盖章		银行审批	负责人　信贷员		科目（借） 对方科目（贷） 复核　记账		

此联银行作贴现借方凭证

(a)

图 3-57

贴 现 凭 证（贷方凭证） ②

填写日期　　年　月　日　　第　　号

贴现汇票	种　类		号码	申请人	名　称	
	出票日	年　月　日			账　号	
	到期日	年　月　日			开户银行	
汇票承兑人(或银行)	名称		账号		开户银行	
汇票金额(即贴现金额)	人民币(大写)					千百十万千百十元角分
贴现率每　月	‰	贴现利息	千百十万千百十元角分		实付贴现金额	千百十万千百十元角分
备注：						科目(贷)______ 对方科目(借)______ 复核　记账

此联银行作贴现申请人账户贷方凭证

(b)

贴 现 凭 证（贷方凭证） ③

填写日期　　年　月　日　　第　　号

贴现汇票	种　类		号码	申请人	名　称	
	出票日	年　月　日			账　号	
	到期日	年　月　日			开户银行	
汇票承兑人(或银行)	名称		账号		开户银行	
汇票金额(即贴现金额)	人民币(大写)					千百十万千百十元角分
贴现率每　月	‰	贴现利息	千百十万千百十元角分		实付贴现金额	千百十万千百十元角分
备注：						科目(贷)______ 对方科目(借)______ 复核　记账

此联银行作贴现利息贷方凭证

(c)

贴 现 凭 证（收款通知） ④

填写日期　　年　月　日　　第　　号

贴现汇票	种　类		号码	申请人	名　称	
	出票日	年　月　日			账　号	
	到期日	年　月　日			开户银行	
汇票承兑人(或银行)	名称		账号		开户银行	
汇票金额(即贴现金额)	人民币(大写)					千百十万千百十元角分
贴现率每　月	‰	贴现利息	千百十万千百十元角分		实付贴现金额	千百十万千百十元角分
上述款项已入你单位账号。 此致 贴现申请人 银行盖章						备注：

此联银行给申请人的收款通知

(d)

图 3-57

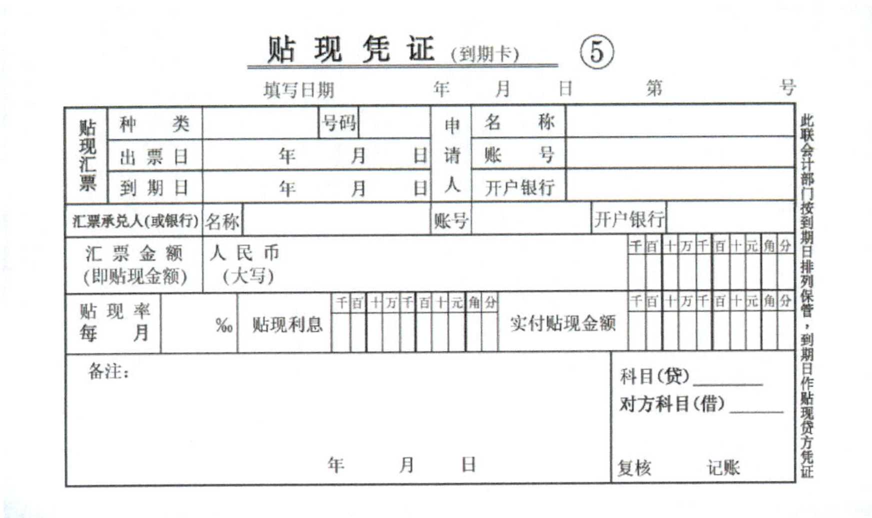

贴现凭证（到期卡） ⑤

填写日期 年 月 日 第 号

贴现汇票	种类		号码	申请人	名称	
	出票日	年 月 日			账号	
	到期日	年 月 日			开户银行	
汇票承兑人（或银行）	名称		账号		开户银行	
汇票金额（即贴现金额）	人民币（大写）					千百十万千百十元角分
贴现率每月	%	贴现利息	千百十万千百十元角分	实付贴现金额		千百十万千百十元角分
备注： 年 月 日				科目（贷）______ 对方科目（借）______ 复核 记账		

此联会计部门按到期日排列保管，到期日作贴现贷方凭证

(e)

图 3-57

【业务 26】

15 日，办理银行承兑汇票贴现。根据【业务 24】资料编制记账凭证。（提示：该票据不附追索权）

【注】总账会计业务。

【业务 27】

15 日，行政部报销业务招待费。增值税普通发票、电子银行转账凭证如图 3-58、图 3-59 所示。

【注】总账会计业务。

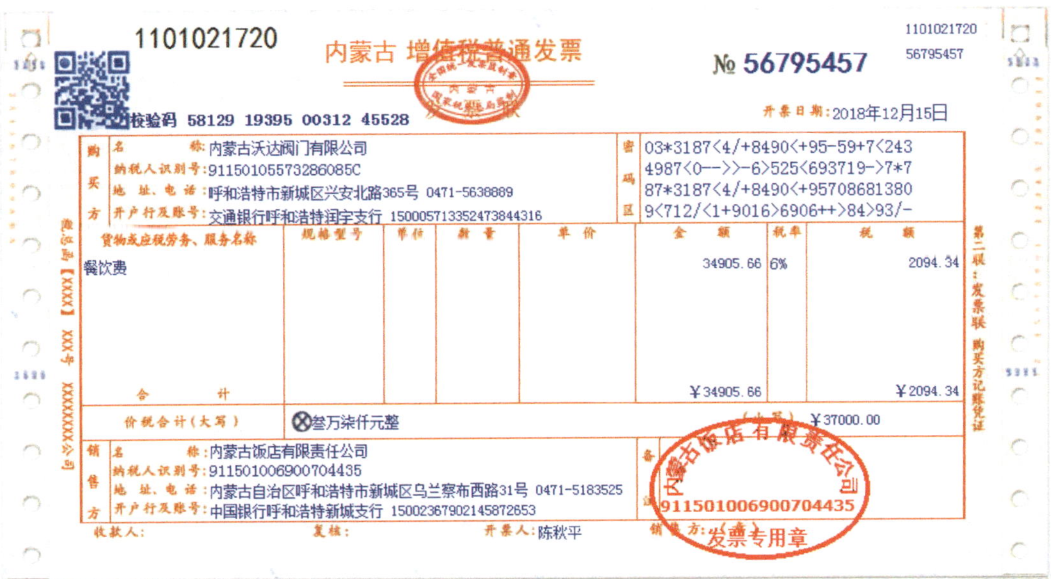

1101021720 内蒙古增值税普通发票 № 56795457

1101021720 56795457

校验码 58129 19395 00312 45528 开票日期：2018年12月15日

购买方	名称：内蒙古沃达阀门有限公司 纳税人识别号：91150105573286085C 地址、电话：呼和浩特市新城区兴安北路365号 0471-5638889 开户行及账号：交通银行呼和浩特润宇支行 150005713352473844316				密码区	03*3187<4/+8490<+95-59+7<243 4987<0-->>-6>525<693719->7*7 87*3187<4/+8490<+95708681380 9<712/<1+9016>6906++>84>93/-		
货物或应税劳务、服务名称	规格型号	单位	数量	单价	金额	税率	税额	
餐饮费					34905.66	6%	2094.34	
合计					¥34905.66		¥2094.34	
价税合计（大写）	⊗叁万柒仟元整				（小写）¥37000.00			
销售方	名称：内蒙古饭店有限责任公司 纳税人识别号：911501006900704435 地址、电话：内蒙古自治区呼和浩特市新城区乌兰察布西路31号 0471-5183525 开户行及账号：中国银行呼和浩特新城支行 15002367902145872653				备注			

收款人： 复核： 开票人：陈秋平 销售方：（章）

第二联：发票联 购买方记账凭证

内蒙古饭店有限责任公司 911501006900704435 发票专用章

图 3-58

电子银行转账凭证（回单联）

2018年 12月 15日　　　　序号：01239870

付款人	户 名	内蒙古沃达阀门有限公司		
	账 号	150005713352473844316	汇出地点	呼和浩特市新城区海拉尔大街熙华发展大厦1楼
	汇出行	交通银行呼和浩特润宇支行		
收款人	户 名	内蒙古饭店有限责任公司		
	账 号	15002367902145872653	汇入地点	呼和浩特市新城区朝乌兰察布西路18号
	汇入行	中国银行呼和浩特新城支行		
金额大写		人民币叁万柒仟元整		
金额小写		￥37000.00	用途：	招待费

加急标志：　　客户识别：　　渠道：　　流水号：015012563981

上列款项已按委托办理

（经办行盖章）

交通银行 呼和浩特润宇支行 2018.12.15 转讫 (01)

电脑打印 手工无效　　付款通知

图 3-59

【业务 28】

17 日，支付员工餐费。增值税普通发票、电子汇划付款回单如图 3-60、图 3-61 所示。

【注】总账会计业务。

1101051720　　**内蒙古 增值税普通发票**　　№ 56797546　　1101051720 56797546

校验码 58129 19395 00312 45528　　开票日期：2018年12月17日

购买方	名　　称：内蒙古沃达阀门有限公司 纳税人识别号：91150105573286085C 地 址、电 话：呼和浩特市新城区兴安北路365号 0471-5638889 开户行及账号：交通银行呼和浩特润宇支行 150005713352473844316	密码区	03*3187<4/+8490<+95-59+7<243 4987<0-->>-6>525<693719->7*7 87*3187<4/+8490<+95708681380 9<712/<1+9016>6906++>84>93/-

货物或应税劳务、服务名称	规格型号	单位	数 量	单 价	金 额	税率	税 额
餐饮费					21226.42	6%	1273.58
合　　计					￥21226.42		￥1273.58
价税合计（大写）	⊗贰万贰仟伍佰元整				（小写）￥22500.00		

销售方	名　　称：内蒙古美食达人餐饮有限公司 纳税人识别号：91150204MA0MXM4TX0 地 址、电 话：呼和浩特市新城区兴安北路366号 0471-5183533 开户行及账号：中国银行呼和浩特新城支行 15005432902145873421	备注	内蒙古美食达人餐饮有限公司 91150204MA0MXM4TX0 发票专用章

收款人：　　复核：　　开票人：陈秋平　　销售方：（章）

第二联：发票联 购买方记账凭证

税总函【XXXX】XXX号 XXXXXXXX公司

图 3-60

交通银行电子汇划付款回单

2018 年12 月17 日　　流水号：041023698756320

付款人	全　称	内蒙古沃达阀门有限公司	收款人	全　称	内蒙古美食达人餐饮有限公司
	账　号	1500057133524738443l6		账　号	15005432902145873421
	开户行	交通银行呼和浩特润宇支行		开户行	中国银行呼和浩特新城支行
金额	（大写）人民币贰万贰仟伍佰元整				¥22500.00
用途	员工餐费				

备注：
汇划日期：2018年12月17日　　汇划流水号：041023698756320
汇出行行号：105290011018　　原凭证种类：0169
原凭证号码：　　原凭证金额：¥22500.00
汇款人地址：
收款人地址：
实际收款人账号：15005432902145873421
实际收款人名称：内蒙古美食达人餐饮有限公司
银行盖章

交通银行 呼和浩特润宇支行 2018.12.17 转讫（01）

图 3-61

【业务 29】

18 日，支付员工借款。借款单如图 3-62 所示。

【注】总账会计业务。

借　款　单

2018年12月18日　　第0148　号

借款部门	销售部	姓名	严丽萍	事由	预借差旅费
借款金额（大写）	零万叁仟零佰零拾零元零角零分				¥3000.00
部门负责人签署	刘管思	借款人签章	严丽萍	注意事项	一、凡借用公款必须使用本单 二、出差返回后三天内结算
单位领导批示	王光辉	财务经理审核意见	邢伯文	现金付讫	

图 3-62

【业务 30】

19 日，总经办报销差旅费。差旅费报销单、航空运输电子客票行程单 2 张、出租车发票 2 张、增值税普通发票、增值税专用发票、收款收据如图 3-63 ～图 3-68 所示。

【注】总账会计业务。

差旅费报销单

2018年 12月 19日

所属部门	总经办	姓名	张天高	出差天数	自 11月 30日至 12月 18日共 18天
出差事由	合作事项洽谈	借旅支费	日期 2018年11月30日	金额¥7500.00	
			应退款：¥388.00	应补款：¥0.00	

出发 月	出发 日	到达 月	到达 日	起止地点	交通费	住宿费	伙食费	其他
11	30	11	30	呼和浩特-长沙	1050.00			
11	30	12	18	长沙	192.00	3816.00	954.00	
12	18	12	18	长沙-呼和浩特	1100.00			
合计				零拾 零万 柒仟 壹佰 壹拾 贰元 零角 零分 ¥7112.00				

总经理：王光辉　财务经理：邢伯文　部门经理：王光辉　会计：孙娟　出纳：牛唐露　报销人：张天高

图 3-63

航空运输电子客票行程单
ITINERARY/RECEIPT OF E-TICKET FOR AIR TRANSPORT

印刷序号：157801634 8
SERIAL NUMBER:

旅客姓名 NAME OF PASSENGER	有效身份证件号码 ID.NO.	签注 ENDORSEMENTS/RESTRICTIONS (CARBON)
张天高	150108197206211690	不得转签

	承运人 CARRIER	航班号 FLIGHT	座位等级 CLASS	日期 DATE	时间 TIME	客票级别/客票类别 FARE BASIS	客票生效日期 NOTVALID BEFORE	有效截止日期 NOTVALID AFTER	免费行李 ALLOW
自 FROM 呼和浩特	TY	MU9183	B	30NOV	10:28	Y			20KG
至 TO 长沙									
至 TO									
至 TO									
至 TO	票价 FARE CNY950.00		机场建设费 AIRPORT TAX CNY50.00		燃油附加费 FUEL SURCHARGE CNY50.00	其他税费 OTHER TAXES	合计 TOTAL CNY1050.00		

电子客票号码 E-TICKETNO. 5126987552012	验证码 CK.	提示信息 INFORMATION	保险费 INSURANCE
销售单位代号 AGENTCODE. NMG1298750354	填开单位 ISSUEDBY 内蒙古捷达航空服务有限公司		填开日期 DATE OF ISSUE 2018-11-30

验真网址：WWW.TRAVELSKY.COM　服务热线：400-815-8888　短信验真：发送JP至10669018

付款凭证 RECEIPT　手写无效 INVALID IN HANDWRITING

(a)

航空运输电子客票行程单
ITINERARY/RECEIPT OF E-TICKET FOR AIR TRANSPORT

印刷序号：321209875 1
SERIAL NUMBER:

旅客姓名 NAME OF PASSENGER	有效身份证件号码 ID.NO.	签注 ENDORSEMENTS/RESTRICTIONS (CARBON)
张天高	150108197206211690	不得转签

	承运人 CARRIER	航班号 FLIGHT	座位等级 CLASS	日期 DATE	时间 TIME	客票级别/客票类别 FARE BASIS	客票生效日期 NOTVALID BEFORE	有效截止日期 NOTVALID AFTER	免费行李 ALLOW
自 FROM 长沙	TY	MF8194	B	18DEC	13:18	Y			20KG
至 TO 呼和浩特									
至 TO									
至 TO									
至 TO	票价 FARE CNY1000.00		机场建设费 AIRPORT TAX CNY50.00		燃油附加费 FUEL SURCHARGE CNY50.00	其他税费 OTHER TAXES	合计 TOTAL CNY1100.00		

电子客票号码 E-TICKETNO. 5159874032146	验证码 CK.	提示信息 INFORMATION	保险费 INSURANCE
销售单位代号 AGENTCODE. JS8102987145	填开单位 ISSUEDBY 长沙捷达航空服务有限公司		填开日期 DATE OF ISSUE 2018-12-18

验真网址：WWW.TRAVELSKY.COM　服务热线：400-815-8888　短信验真：发送JP至10669018

付款凭证 RECEIPT　手写无效 INVALID IN HANDWRITING

(b)

图 3-64

(a)

长沙市客运出租车统一发票
CHANGSHA TAXI RECEIPT
发票联
发票代码：143010201280
发票号码：95014830
发票查询电话：（0731）56478901
服务监督电话：（0731）65400879
手写无效
车号：湘AJU018
证号：015678
日期：2018年11月30日
上车：15:10
下车：15:58
单价：3.00元/公里
里程：20.56km
等候：00:01.01
金额：102.18元
卡号：
原额：
余额：
长沙市出租汽车 发票专用章

(b)

长沙市客运出租车统一发票
CHANGSHA TAXI RECEIPT
发票联
发票代码：143010210680
发票号码：82564703
发票查询电话：（0731）56478901
服务监督电话：（0731）65400879
手写无效
车号：湘AJ1870
证号：023871
日期：2018年12月18日
上车：09:02
下车：09:55
单价：3.00元/公里
里程：19.48km
等候：00:05.01
金额：89.82元
卡号：
原额：
余额：
长沙市出租汽车 发票专用章

图 3-65

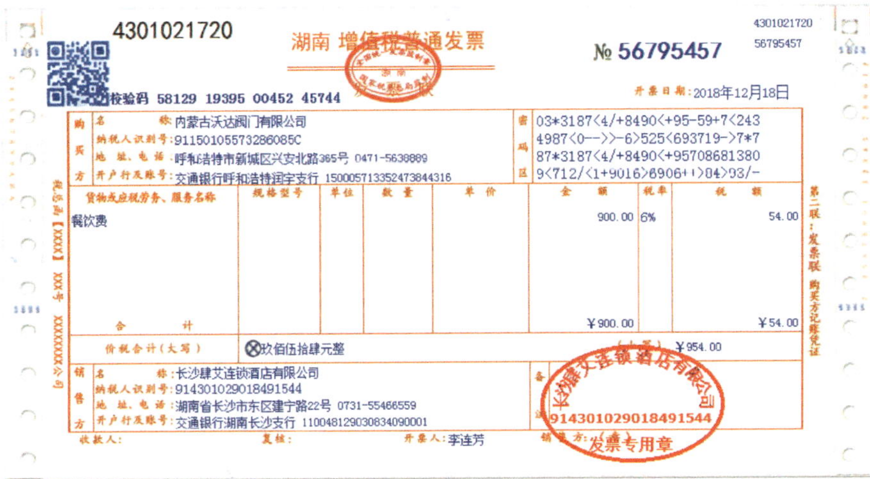

4301021720 湖南增值税普通发票 № 56795457 4301021720 56795457

校验码 58129 19395 00452 45744 开票日期：2018年12月18日

购买方 名称：内蒙古沃达阀门有限公司
纳税人识别号：91150105573286085C
地址、电话：呼和浩特市新城区兴安北路365号 0471-5638889
开户行及账号：交通银行呼和浩特润宇支行 15000571335247384 4316
密码区：03*3187<4/+8490<+95-59+7<243 4987<0-->>-6>525<693719->7*7 87*3187<4/+8490<+95708681380 9<712/<1+9016>6906++>84>93/-

货物或应税劳务、服务名称	规格型号	单位	数量	单价	金额	税率	税额
餐饮费					900.00	6%	54.00
合计					¥900.00		¥54.00
价税合计（大写）	⊗玖佰伍拾肆元整				（小写）¥954.00		

销售方 名称：长沙肆艾连锁酒店有限公司
纳税人识别号：914301029018491544
地址、电话：湖南省长沙市东区建宁路22号 0731-55466559
开户行及账号：交通银行湖南长沙支行 110048129030834090001
收款人： 复核： 开票人：李连芳 销售方：（章）
第二联：发票联 购买方记账凭证
长沙肆艾连锁酒店有限公司 914301029018491544 发票专用章

图 3-66

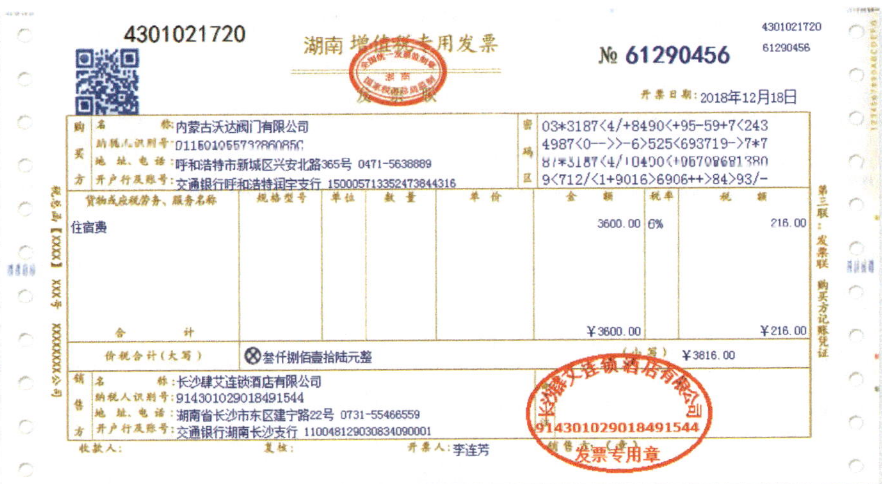

4301021720 湖南增值税专用发票 № 61290456 4301021720 61290456

开票日期：2018年12月18日

购买方 名称：内蒙古沃达阀门有限公司
纳税人识别号：91150105573286085C
地址、电话：呼和浩特市新城区兴安北路365号 0471-5638889
开户行及账号：交通银行呼和浩特润宇支行 15000571335247384 4316
密码区：03*3187<4/+8490<+95-59+7<243 4987<0-->>-6>525<693719->7*7 87*3187<4/+8490<+95708681380 9<712/<1+9016>6906++>84>93/-

货物或应税劳务、服务名称	规格型号	单位	数量	单价	金额	税率	税额
住宿费					3600.00	6%	216.00
合计					¥3600.00		¥216.00
价税合计（大写）	⊗叁仟捌佰壹拾陆元整				（小写）¥3816.00		

销售方 名称：长沙肆艾连锁酒店有限公司
纳税人识别号：914301029018491544
地址、电话：湖南省长沙市东区建宁路22号 0731-55466559
开户行及账号：交通银行湖南长沙支行 110048129030834090001
收款人： 复核： 开票人：李连芳 销售方：（章）
第三联：发票联 购买方记账凭证
长沙肆艾连锁酒店有限公司 914301029018491544 发票专用章

图 3-67

收　款　收　据　　NO.00131959

2018年12月19日

今　收　到张天高

交　来：差旅费多余款　　现金收讫

金额（大写）　零佰　零拾　零万　零仟　叁佰　捌拾　捌元　零角　零分

¥ 388.00　　☑ 现金　☐ 支票　☐ 信用卡　☐ 其他　　收款单位（盖章）

核准　　会计　　记账　　出纳牛唐露　　经手人

第三联交财务

内蒙古沃达阀门有限公司　财务专用章

图 3-68

【业务 31】

20 日，销售商品，货款未收。销售单、增值税专用发票、购销合同、银行回单如图 3-69 ～图 3-72 所示。

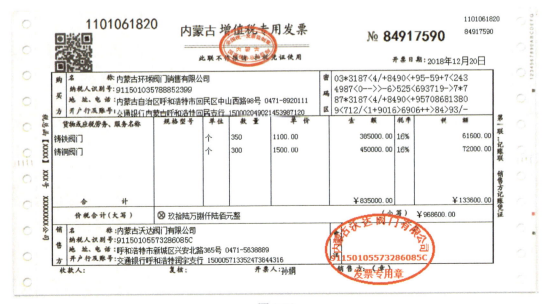

【注】总账会计业务。

销 售 单

购货单位：内蒙古环球阀门销售有限公司　　地址和电话：内蒙古自治区呼和浩特市回民区中山西路98号 0471-8920111　　单据编号：syu0055

纳税识别号：91150103570005Z399　　开户行及账号：交通银行内蒙古呼和浩特回民支行 150002049021453987120　　制单日期：2018年12月20日

编码	产品名称	规格	单位	单价	数量	金额	备注
01	铸铁阀门		个	1100.00	350	385000.00	不含税价
02	铸铜阀门		个	1500.00	300	450000.00	
合计	人民币（大写）：捌拾叁万伍仟元整					¥835000.00	

会计联

总经理：王光辉　　销售经理：刘管思　　经手人：刘啸　　会计：孙娟　　签收人：卢鑫来

图 3-69

1101061820　　内蒙古增值税专用发票　　№ 84917590　　1101061820 84917590

此联不作报销、扣税凭证使用　　开票日期：2018年12月20日

购买方	
名　　称	内蒙古环球阀门销售有限公司
纳税人识别号	91150103578885Z399
地址、电话	内蒙古自治区呼和浩特市回民区中山西路98号 0471-8920111
开户行及账号	交通银行内蒙古呼和浩特回民支行 150002049021453987120

密码区：
03*3187<4/+8490<+95-59+7<243
4987<0-->>-6>525<693719->7*7
87*3187<4/+8490<+95708681380
9<712/<1+9016>6906++>84>93/-

货物或应税劳务、服务名称	规格型号	单位	数量	单价	金额	税率	税额
铸铁阀门		个	350	1100.00	385000.00	16%	61600.00
铸铜阀门		个	300	1500.00	450000.00	16%	72000.00
合　计					¥835000.00		¥133600.00
价税合计（大写）	⊗ 玖拾陆万捌仟陆佰元整				（小写）¥968600.00		

销售方	
名　　称	内蒙古沃达阀门有限公司
纳税人识别号	91150105573286085C
地址、电话	呼和浩特市新城区兴安北路365号 0471-5638889
开户行及账号	交通银行呼和浩特润宇支行 150005713352473844316

收款人：　　复核：　　开票人：孙娟　　销售方：（章）

内蒙古沃达阀门有限公司　91150105573286085C　发票专用章

第一联：记账联　销售方记账凭证

图 3-70

购销合同

供方：内蒙古沃达阀门有限公司　　合同号：5417056

需方：内蒙古环球阀门销售有限公司　　签订日期：2018年12月20日

经双方协议，订立本合同如下：

产品型号	名　称	数　量	单　价	总额	其他要求
	铸铁阀门	350个	1100.00	385000.00	不含税价
	铸钢阀门	300个	1500.00	450000.00	
合计				￥835000.00	
货款总计（大写）：人民币捌拾叁万伍仟元整					

质量验收标准：合格

交货日期：2018年12月20日

交货地点：内蒙古自治区呼和浩特市回民区中山西路98号，销售方先行垫付运费。

结算方式：现金折扣（不含税）2/10，1/20，n/30

违约条款：违约方须赔偿对方一切经济损失。但遇天灾人祸或其它人力不能控制之因素而导致延误交货，需方不能要求供方赔偿任何损失。

解决合同纠纷的方式：经双方友好协商解决，如协商不成的，可向当地仲裁委员会提出申诉解决。

本合同一式两份，供需双方各执一份，自签定之日起生效。

供方（盖章）：内蒙古沃达阀门有限公司　　需方（盖章）：内蒙古环球阀门销售有限公司

地址：呼和浩特市新城区兴安北路365号　　地址：内蒙古自治区呼和浩特市回民区

法定代表人：谌沃达　　法定代表人：刘宇江

联系电话：0471-5638889　　联系电话：0471-8920111

图 3-71

电子银行转账凭证回单

2018 年12　月20　日　　流水号：028025017905019

付款人	全　称	内蒙古沃达阀门有限公司	收款人	全　称	内蒙古顺丰速运有限公司
	账　号	150005713352473844316		账　号	15002235902145883533
	开户行	交通银行呼和浩特润宇支行		开户行	中国银行呼和浩特新城支行
金额	（大写）人民币伍仟元整			￥5000.00	
用途	代垫运费				

备注：

汇划日期：2018年12月20日　　汇划流水号：028025017905019

汇出行行号：301100000099　　原凭证种类：0180

原凭证号码：　　原凭证金额：￥5000.00

汇款人地址：

收款人地址：

实际收款人账号：15002235902145883533

实际收款人名称：　内蒙古顺丰速运有限公司

交通银行呼和浩特润宇支行 2018.12.20 转讫 (01)

银行盖章

图 3-72

【业务 32】

20 日，捐赠支出。接受社会捐赠专用收据、转账支票存根、进账单如图 3-73 ～图 3-75 所示。

【注】总账会计业务。提示：属于直接捐赠，税前不能扣除。

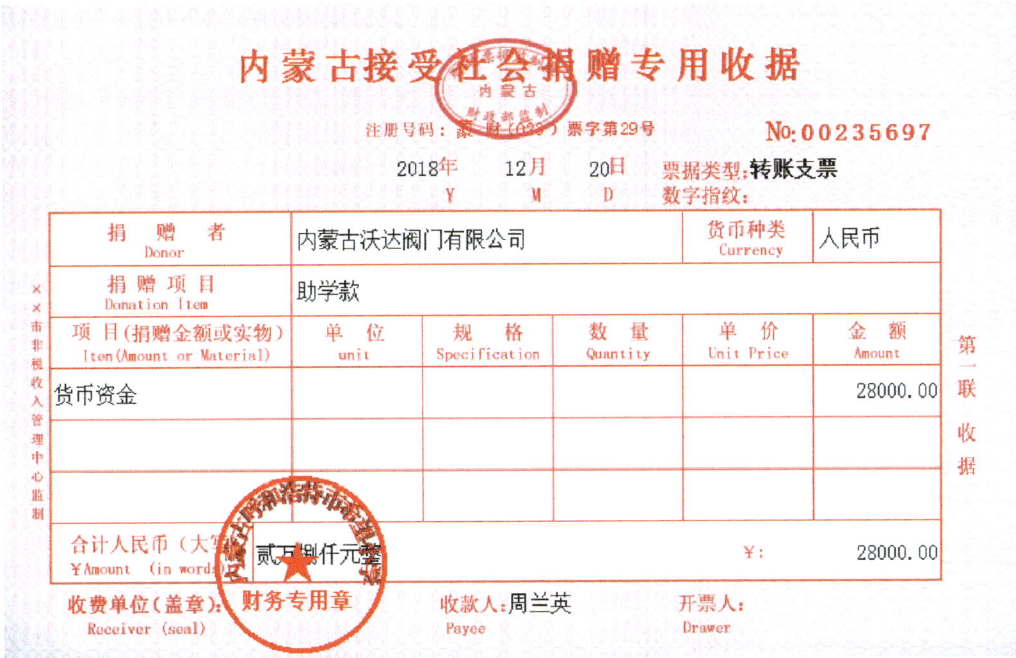

内蒙古接受社会捐赠专用收据

注册号码：蒙财（023）票字第29号　No:00235697

2018年 12月 20日　票据类型：转账支票
数字指纹：

捐赠者 Donor	内蒙古沃达阀门有限公司			货币种类 Currency	人民币
捐赠项目 Donation Item	助学款				
项目(捐赠金额或实物) Item(Amount or Material)	单位 unit	规格 Specification	数量 Quantity	单价 Unit Price	金额 Amount
货币资金					28000.00
合计人民币（大写）¥Amount (in words)	贰万捌仟元整			¥:	28000.00

收费单位(盖章): Receiver (seal)　财务专用章　收款人：周兰英 Payee　开票人：Drawer

第一联 收据

图 3-73

交通银行
转账支票存根
54103927
68015477
附加信息
出票日期2018年12月20日
收款人：内蒙古呼和浩特市希望小学
金　额：¥28000.00
用　途：捐赠支出
单位主管　会计

图 3-74

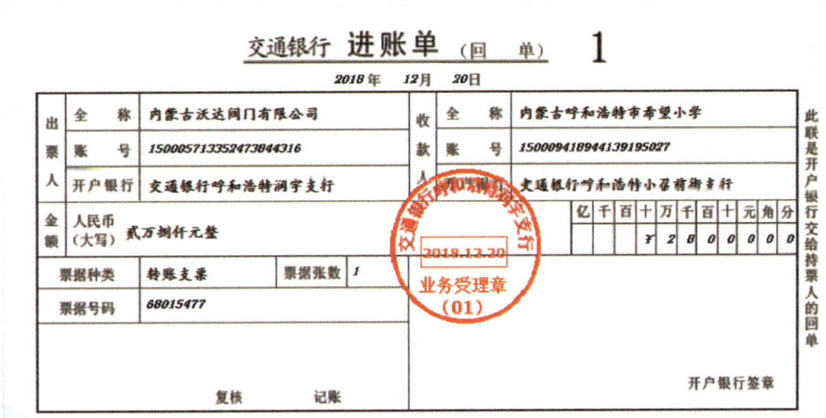

交通银行 进账单（回　单）　1

2018年 12月 20日

出票人 全称	内蒙古沃达阀门有限公司	收款人 全称	内蒙古呼和浩特市希望小学
出票人 账号	150005713352473844316	收款人 账号	150009418944139195027
出票人 开户银行	交通银行呼和浩特润宇支行	收款人 开户银行	交通银行呼和浩特小召前街支行
金额 人民币（大写）	贰万捌仟元整	亿千百十万千百十元角分	¥2800000
票据种类	转账支票	票据张数	1
票据号码	68015477		
复核　记账		开户银行签章	

交通银行呼和浩特润宇支行 2018.12.20 业务受理章（01）

此联是开户银行交给持票人的回单

图 3-75

【业务 33】

21 日，收到存款利息。存款利息清单 2 张如图 3-76 所示。

【注】总账会计业务。

交通银行（ 润宇支行 ）计付存款利息清单　（收款通知）

2018年　12月　21日

单位名称：内蒙古沃达阀门有限公司					
结算账号：150005713352473844316			存款账号：150005713352473844316		
编号	计息类型	计息起讫日期	计息积数	利率	利息金额
	活期储蓄存款	2018-09-21~2018-12-20	529735885.71	0.35%	5150.21
摘要：利息				金额合计	￥5150.21
金额合计（大写）人民币伍仟壹佰伍拾元贰角壹分					

交通银行 呼和浩特润宇支行 2018.12.21 转讫 (01)

复核　　记账

(a)

交通银行（ 金桥支行 ）计付存款利息清单　（收款通知）

2018年　12月　21日

单位名称：内蒙古沃达阀门有限公司					
结算账号：150007311459935626687			存款账号：150007311459935626687		
编号	计息类型	计息起讫日期	计息积数	利率	利息金额
	活期存款利息	2018.09.21-2018.12.20	1692000.00	0.35%	16.45
摘要：利息				金额合计	￥16.45
金额合计（大写）人民币壹拾陆元肆角伍分					

交通银行 呼和浩特金桥支行 2018.12.21 转讫 (01)

复核　　记账

(b)

图 3-76

【业务 34】

21 日，支付账户维护费。付款通知书——基本户、付款通知书——一般户如图 3-77、图 3-78 所示。

【注】总账会计业务。

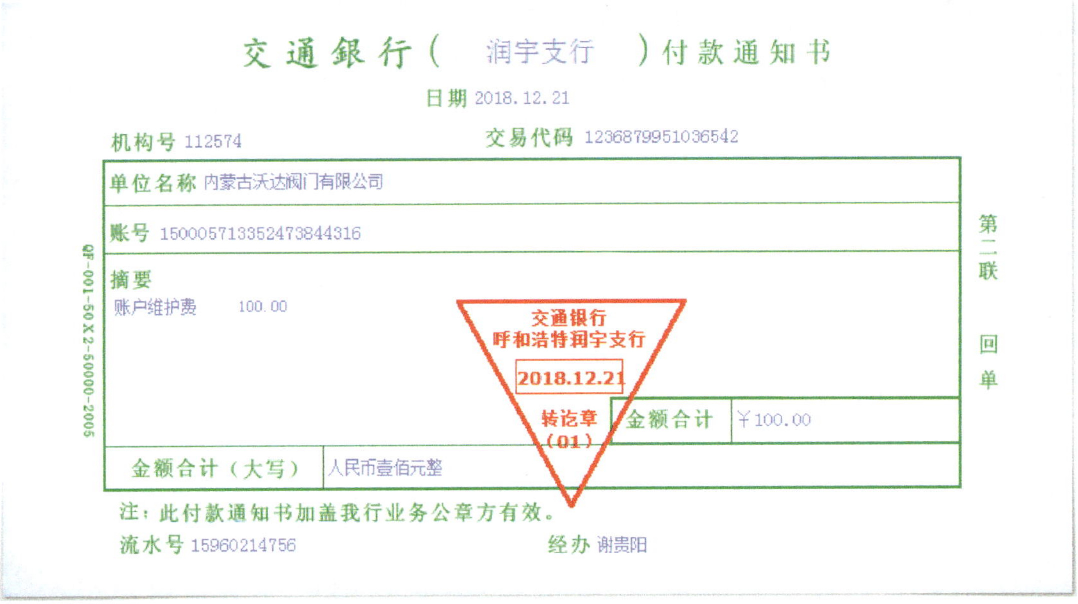

交通银行（ 润宇支行 ）付款通知书

日期 2018.12.21

机构号 112574　　交易代码 1236879951036542

单位名称 内蒙古沃达阀门有限公司

账号 150005713352473844316

摘要

账户维护费　100.00

金额合计 ￥100.00

金额合计（大写） 人民币壹佰元整

注：此付款通知书加盖我行业务公章方有效。

流水号 15960214756　　经办 谢贵阳

第二联 回单

QF-001-50X2-50000-2005

图 3-77

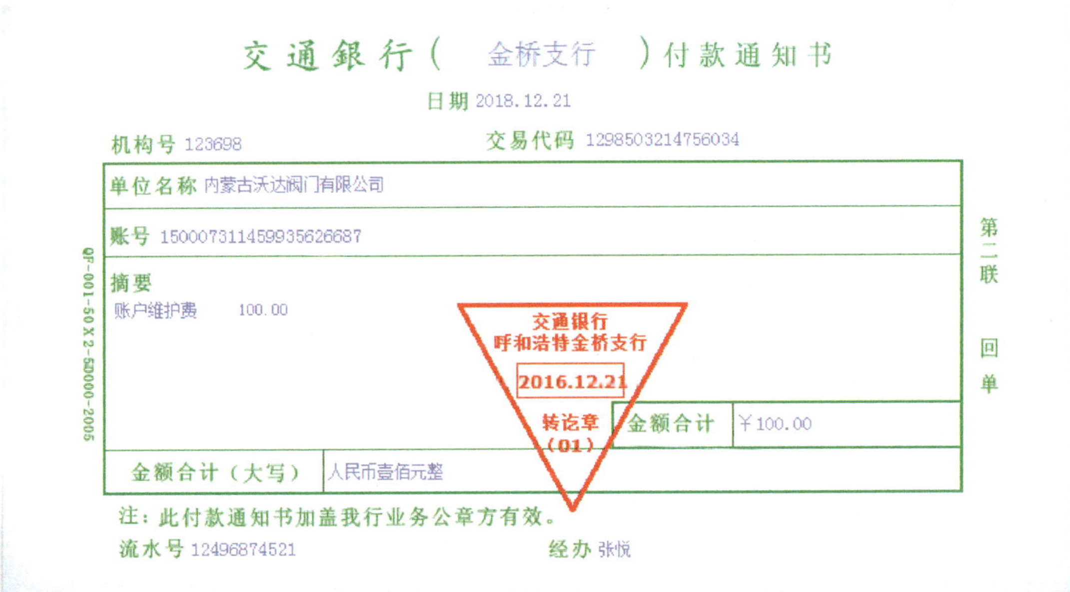

交通银行（ 金桥支行 ）付款通知书

日期 2018.12.21

机构号 123698　　交易代码 1298503214756034

单位名称 内蒙古沃达阀门有限公司

账号 150007311459935626687

摘要

账户维护费　100.00

金额合计 ￥100.00

金额合计（大写） 人民币壹佰元整

注：此付款通知书加盖我行业务公章方有效。

流水号 12496874521　　经办 张悦

第二联 回单

QF-001-50X2-50000-2005

图 3-78

【业务 35】

24 日，归还借款及支付利息。借款合同、还款凭证如图 3-79、图 3-80 所示。

【注】总账会计业务。

借款合同

经交通银行呼和浩特润宇支行（以下简称贷款方）与内蒙古沃达阀门有限公司（以下简称借款方）充分协商，签订本合同，共同遵守。复印件与原件一致

一、由贷款方提供借款方贷款人民币伍佰万元整（￥5000000.00元）用于生产经营周转，贷款期限自2018年05月25日至2018年12月24日。

二、贷款方应按期、按额向借款方提供贷款，否则，按违约数额和延期天数，付给借款方违约金。违约金数额的计算利率，与逾期贷款罚息的计算利率相同，即为每日万分之五。

三、借款利率为银行同期年利率6.25%，每月末支付当月应计利息，2018年12月24日归还本金及付息。

四、借款方应按协议使用贷款，不得转移用途。否则，贷款方有权停止发放新贷款，直至收回已发放的贷款。

五、借款方保证按借款契约所订期限归还贷款本息。如需延期，借款方至迟在贷款到期前3天，提出延期申请，经贷款方同意，办理延期手续。但延期最长不得超过原订期限的一半。贷款方未同意延期或未办理延期手续的逾期贷款，加收罚息。

六、贷款到期后1个月，如借款方不归还贷款，贷款方有权依照法律程序处理借款方作为贷款抵押的财产，抵还借款本息。

七、合同争议的解决方式

本合同在履行过程中发生的争议，由甲乙双方协商解决；协商不成的依法向人民法院提起诉讼。

……

十二、本协议书一式2份，借贷款双方各执1份。本协议自双方签字起即生效。

贷款方：交通银行呼和浩特润宇支行　　借款方：内蒙古沃达阀门有限公司

法定代表人：李宇　鹏李印宇　　法定代表人：王沃达　达谌印沃

签订日期：2018年05月25日　　签订日期：2018年05月25日

图 3-79

还款凭证

收款日期 2018年12月24日　　序号：10567687

还款人	内蒙古沃达阀门有限公司	贷款人	内蒙古沃达阀门有限公司
存款账号	1500057133524730844316	贷款账号	150001093746198274590
本息合计币种（大写）	人民币伍佰零贰万陆仟零肆拾壹元陆角柒分	亿千百十万千百十元角分	￥502604167

收回 2018年05月25日发放，2018年12月24日到期贷款

本金：￥5000000.00 利息：￥26041.67

该笔贷款尚欠本金：0.00 利息：0.00

上述还贷款项我行已收妥

（银行业务公章）交通银行呼和浩特润宇支行 2018.12.24 业务专用章（01）

制票：10972 复核：00164

第一联债务还贷回单

图 3-80

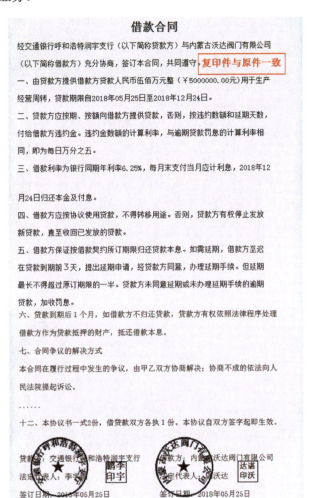

【业务 36】

24 日，销售商品，收到银行承兑汇票。销售单、增值税专用发票、购销合同、银行承兑汇票复印件如图 3-81 ～图 3-84 所示。

【注】总账会计业务。

销 售 单

购货单位：北京依尔阀门销售有限公司　地址和电话：北京市朝阳区东三环南路102号5层5042 010-56008816　单据编号：syu0056

纳税识别号：91110105MA00C5WG0F　开户行及账号：中国工商银行北京朝阳支行 1103887656235566899　制单日期：2018年12月24日

编 码	产品名称	规 格	单 位	单 价	数 量	金 额	备 注
01	铸铁阀门		个	1100.00	400	440000.00	不含税价
02	铸铜阀门		个	1500.00	350	525000.00	
合 计	人民币（大写）：玖拾陆万伍仟元整					￥965000.00	

会计联

总经理：王光辉　销售经理：刘管思　经手人：刘啸　会计：孙娟　签收人：卢爱华

图 3-81

1101061820　　内蒙古增值税专用发票　　№ 84917591　　1101061820　84917591

此联不作报销、扣税凭证使用　　开票日期：2018年12月24日

购买方　名　　称：北京依尔阀门销售有限公司
纳税人识别号：91110105MA00C5WG0F
地 址、电 话：北京市朝阳区东三环南路102号5层5042 010-56008816
开户行及账号：中国工商银行北京朝阳支行 1103887656235566899

密码区：03*3187<4/+8490<+95-59+7<243
4987<0-->>-6>525<693719->7*7
87*3187<4/+8490<+95708681380
9<712/<1+9016>6906++>84>93/-

货物或应税劳务、服务名称	规格型号	单位	数 量	单 价	金 额	税率	税 额
铸铁阀门		个	400	1100.00	440000.00	16%	70400.00
铸铜阀门		个	350	1500.00	525000.00	16%	84000.00
合　　计					￥965000.00		￥154400.00
价税合计（大写）	⊗壹佰壹拾壹万玖仟肆佰元整				（小写）￥1119400.00		

销售方　名　　称：内蒙古沃达阀门有限公司
纳税人识别号：91150105573286085C
地 址、电 话：呼和浩特市新城区兴安北路365号 0471-5638889
开户行及账号：交通银行呼和浩特润宇支行 150005713352473844316

收款人：　复核：　开票人：侯波　销售方：（章）

第一联：记账联　销售方记账凭证

（印章：内蒙古沃达阀门有限公司 91150105573286085C 发票专用章）

图 3-82

购销合同

供方：内蒙古沃达阀门有限公司　合同号：5417057

需方：北京依尔阀门销售有限公司　签订日期：2018年12月24日

经双方协议，订立本合同如下：

产品型号	名　称	数　量	单　价	总额	其他要求
	铸铁阀门	400个	1100.00	440000.00	不含税价
	铸铜阀门	350个	1500.00	525000.00	
合计				￥965000.00	
货款总计（大写）：人民币玖拾陆万伍仟元整					

质量验收标准：合格

交货日期：2018年12月24日

交货地点：北京市朝阳区东三环南路102号

结算方式：一次性付款

违约条款：违约方须赔偿对方一切经济损失。但遇天灾人祸或其它人力不能控制之因素而导致延误交货，需方不能要求供方赔偿任何损失。

解决合同纠纷的方式：[illegible]协商解决，如协商不成的，可向当地仲裁委员会提出申诉解决。
本合同一式两份，[illegible]，自签定之日起生效。

供方（盖章）：内蒙古沃达阀门有限公司　需方（盖章）：北京依尔阀门销售有限公司

地址：呼和浩特市新城区兴安北路365号　地址：北京市朝阳区东三环南路102号

法定代表人：[illegible]　法定代表人：[illegible]

联系电话：0471-5638889　联系电话：010-56008816

图 3-83

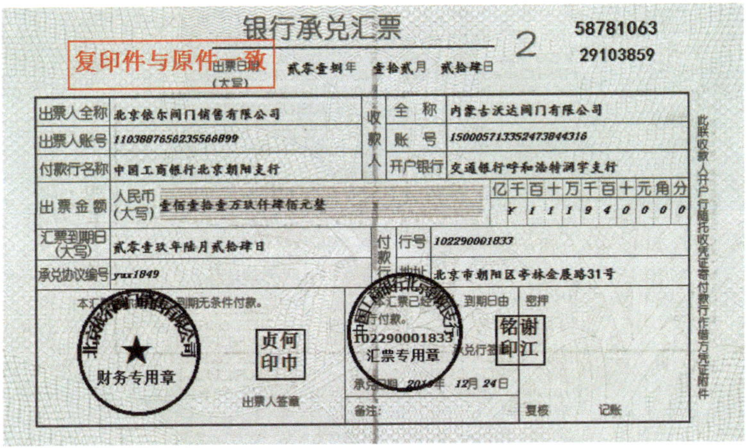
银行承兑汇票　2　58781063　29103859

复印件与原件一致

出票日期（大写）　贰零壹捌年　壹拾贰月　贰拾肆日

出票人全称	北京依尔阀门销售有限公司	收款人	全　称	内蒙古沃达阀门有限公司
出票人账号	110388765623556689		账　号	150005713352473844316
付款行名称	中国工商银行北京朝阳支行		开户银行	交通银行呼和浩特润宇支行
出票金额	人民币（大写）壹佰壹拾壹万玖仟肆佰元整			￥111940000
汇票到期日（大写）	贰零壹玖年陆月贰拾肆日	付款行	行号	102290001833
承兑协议编号	yux1849		地址	北京市朝阳区亭林金展路31号

本汇票请你行承兑，到期无条件付款。　财务专用章　贾何印　出票人签章

本汇票已经承兑，到期日由本行付款。　102290001833　汇票专用章　承兑行签章　谢铭印江　承兑日期　2018年　12月　24日　密押

备注：　复核　记账

此联收款人开户行随托收凭证寄付款行作借方凭证附件

图 3-84

【业务 37】

25 日，支付新产品技术研究开发费（不符合资本化条件）。增值税普通发票、转账支票存根、进账单如图 3-85 ～图 3-87 所示。

【注】总账会计业务。

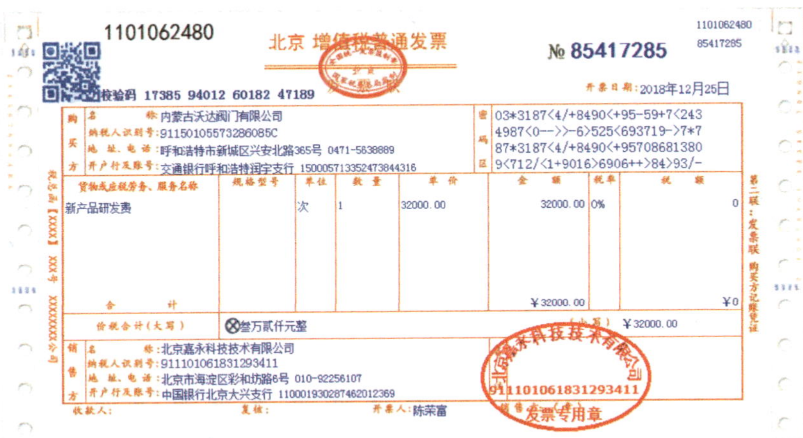
1101062480　北京增值税普通发票　№ 85417285　1101062480　85417285

校验码 17385 94012 60182 47189　开票日期：2018年12月25日

购买方　名　称：内蒙古沃达阀门有限公司
纳税人识别号：91150105573286085C
地址、电话：呼和浩特市新城区兴安北路365号 0471-5638889
开户行及账号：交通银行呼和浩特润宇支行 150005713352473844316

密码区　03*3187<4/+8490<+95-59+7<243　4987<0-->)>-6>525<693719->7*7　87*3187<4/+8490<+95708681380　9<712/<1+9016>6906++>84>93/-

货物或应税劳务、服务名称	规格型号	单位	数量	单价	金额	税率	税额
新产品研发费		次	1	32000.00	32000.00	0%	0
合　计					￥32000.00		￥0
价税合计（大写）	⊗叁万贰仟元整				（小写）￥32000.00		

销售方　名　称：北京嘉永科技技术有限公司
纳税人识别号：911101061831293411
地址、电话：北京市海淀区彩和坊路6号 010-92256107
开户行及账号：中国银行北京大兴支行 110001930287462012369

收款人：　复核：　开票人：陈荣富　销售方（章）　北京嘉永科技技术有限公司 911101061831293411 发票专用章

第二联：发票联　购买方记账凭证

图 3-85

交通银行
转账支票存根
54103927
68015478
附加信息
出票日期2018年12月25日
收款人：北京嘉永科技技术有限公司
金　额：￥32000.00
用　途：支付研发费
单位主管　会计

图 3-86

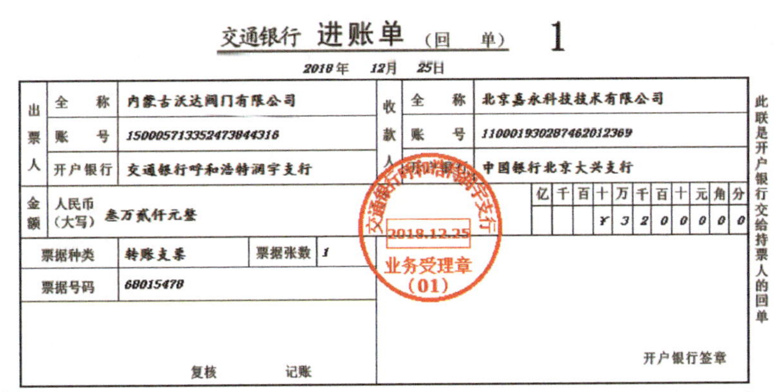
交通银行　进账单（回　单）　1

2018年　12月　25日

出票人	全　称	内蒙古沃达阀门有限公司	收款人	全　称	北京嘉永科技技术有限公司
	账　号	150005713352473844316		账　号	110001930287462012369
	开户银行	交通银行呼和浩特润宇支行		开户银行	中国银行北京大兴支行
金额	人民币（大写）	叁万贰仟元整			￥3200000
票据种类	转账支票	票据张数 1			
票据号码	68015478				

复核　记账　　交通银行呼和浩特润宇支行 2018.12.25 业务受理章（01）　开户银行签章

此联是开户银行交给持票人的回单

图 3-87

【业务 38】

25 日，收到前欠货款。进账单如图 3-88 所示。

【注】总账会计业务。

交通银行 进账单（收账通知） 3

2018年 12月 25日

出票人	全称	内蒙古塞鸿阀门销售有限公司	收款人	全称	内蒙古沃达阀门有限公司
	账号	15002086328487691494		账号	150005713352473844316
	开户银行	中国农业银行呼和浩特赛罕支行		开户银行	交通银行呼和浩特润宇支行
金额	人民币（大写）	壹佰零捌万叁仟壹佰元整		亿千百十万千百十元角分	¥ 1 0 8 3 1 0 0 0 0
票据种类	转账支票	票据张数 1			
票据号码	83183915				
	复核 记账			收款人开户银行签章	

交通银行 呼和浩特润宇支行 2018.12.25 转讫 (01)

此联是收款人开户银行交给收款人的收账通知

图 3-88

【业务 39】

26 日，支付职工培训费。增值税专用发票、电子银行转账凭证如图 3-89、图 3-90 所示。

【注】总账会计业务。

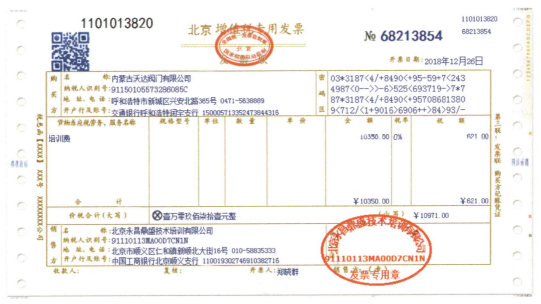

1101013820　　北京增值税专用发票　　№ 68213854　　1101013820　68213854

发票联

开票日期：2018年12月26日

购买方	名称：内蒙古沃达阀门有限公司 纳税人识别号：91150105573286085C 地址、电话：呼和浩特市新城区兴安北路365号 0471-5638889 开户行及账号：交通银行呼和浩特润宇支行 150005713352473844316				密码区	03*3187<4/+8490<+95-59+7<243 4987<0-->>-6>525<693719->7*7 87*3187<4/+8490<+95708681380 9<712/<1+9016>6906++>84>93/-	
货物或应税劳务、服务名称	规格型号	单位	数量	单价	金额	税率	税额
培训费					10350.00	0%	621.00
合计					¥10350.00		¥621.00
价税合计（大写）	⊗壹万零玖佰柒拾壹元整				（小写）	¥10971.00	
销售方	名称：北京永昌鼎盛技术培训有限公司 纳税人识别号：91110113MA00D7CN1N 地址、电话：北京市顺义区仁和镇新顺北大街16号 010-58835333 开户行及账号：中国工商银行北京顺义支行 110019302746910382716				备注		

收款人：　　复核：　　开票人：郑晓群　　销售方：（章）

北京永昌鼎盛技术培训有限公司 91110113MA00D7CN1N 发票专用章

第三联：发票联 购买方记账凭证

图 3-89

电子银行转账凭证（回单联）

2018年 12月 26日　　序号：05781893

付款人	户名	内蒙古沃达阀门有限公司		
	账号	150005713352473844316	汇出地点	呼和浩特市新城区兴安北路365号
	汇出行	交通银行呼和浩特润宇支行		
收款人	户名	北京永昌鼎盛技术培训有限公司		
	账号	110019302746910382716	汇入地点	北京市顺义区仁和镇新顺北大街16号
	汇入行	中国工商银行北京顺义支行		
金额大写		人民币壹万零玖佰柒拾壹元整		
金额小写		￥10971.00	用途	支付职工培训费

加急标志：　　客户标识：　　渠道：　　流水号：033819274690

上列款项已按委托办理

（经办行盖章）

电脑打印　手工无效　付款通知

交通银行 呼和浩特润宇支行 2018.12.26 转讫

图 3-90

【业务 40】

26 日，报销第一车间设备修理费。报销单、增值税专用发票如图 3-91、图 3-92 所示。

【注】总账会计业务。

报　销　单

填报日期：2018 年 12 月 26 日　　单据及附件共 1 张

姓名	谢江铭	所属部门	第一车间	报销形式	现金
				支票号码	
报销项目		摘要		金额	备注：
数控机床维修费		报销第一车间设备修理费		4060.00	
合计				￥4060.00	
金额大写：零 拾 零 万 肆 仟 零 佰 陆 拾 零 元 零 角 零 分				原借款：0.00 元	应退(补)款：4060.00 元

总经理：王光辉　财务经理：邢伯文　部门经理：胡聚夏　会计：孙娟　出纳：牛唐露　报销人：谢江铭

现金付讫

图 3-91

1101012730　　**北京增值税专用发票**　　№ 48129475　　1101012730　48129475

发票联　　开票日期：2018年12月06日

购买方	名称：内蒙古沃达阀门有限公司 纳税人识别号：91150105573286085C 地址、电话：呼和浩特市新城区兴安北路365号 0471-5638889 开户行及账号：交通银行呼和浩特润宇支行 150005713352473844316			密码区	03*3187<4/+8490<+95-59+7<243 4987<0-->>-6>525<693719->7*7 87*3187<4/+8490<+95708681380 9<712/<1+9016>6906++>84>93/-		
货物或应税劳务、服务名称	规格型号	单位	数量	单价	金额	税率	税额
维修费					3500.00	16%	560.00
合计					￥3500.00		￥560.00
价税合计（大写）	⊗肆仟零陆拾元整				（小写）￥4060.00		
销售方	名称：北京市三氏数控机床维修中心 纳税人识别号：91110113X004251563 地址、电话：北京市顺义区仁和地区复兴村 010-31841957 开户行及账号：中国建设银行北京顺义支行 110001298574630129604			备注			

收款人：　　复核：　　开票人：陈泽阳　　销售方：（章）

第三联：发票联　购买方记账凭证

北京市三氏数控机床维修中心 91110113X004251563 发票专用章

图 3-92

【业务 41】

27 日，支付本月广告费。增值税专用发票、电子银行转账凭证如图 3-93、图 3-94 所示。

【注】总账会计业务。

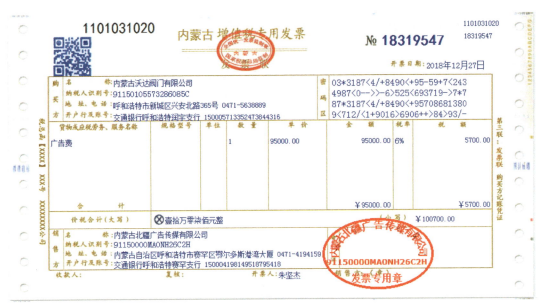

1101031020　　内蒙古增值税专用发票　　№ 18319547　　1101031020　18319547

发票联

开票日期：2018年12月27日

购买方	名　　称：内蒙古沃达阀门有限公司 纳税人识别号：91150105573286085C 地 址、电 话：呼和浩特市新城区兴安北路365号 0471-5638889 开户行及账号：交通银行呼和浩特润宇支行 15000571335247384431 6
密码区	03*3187<4/+8490<+95-59+7<243 4987<0-->>-6>525<693719->7*7 87*3187<4/+8490<+95708681380 9<712/<1+9016>6906++>84>93/-

货物或应税劳务、服务名称	规格型号	单位	数量	单价	金额	税率	税额
广告费			1	95000.00	95000.00	6%	5700.00
合　计					¥95000.00		¥5700.00
价税合计（大写）	⊗壹拾万零柒佰元整				（小写）¥100700.00		

销售方	名　　称：内蒙古北疆广告传媒有限公司 纳税人识别号：91150000MA0NH26C2H 地 址、电 话：内蒙古自治区呼和浩特市赛罕区鄂尔多斯港湾大厦 0471-4194159 开户行及账号：交通银行呼和浩特赛罕支行 150004198149518795418

收款人：　　复核：　　开票人：朱坚杰　　销售方：（章）

（印章：内蒙古北疆广告传媒有限公司 91150000MA0NH26C2H 发票专用章）

第三联：发票联　购买方记账凭证

图 3-93

电子银行转账凭证（回单联）

2018年 12月 27日　　序号：09573156

付款人	户名	内蒙古沃达阀门有限公司		
	账号	150005713352473844316	汇出地点	呼和浩特市新城区兴安北路365号
	汇出行	交通银行呼和浩特润宇支行		
收款人	户名	内蒙古北疆广告传媒有限公司		
	账号	150004198149518795418	汇入地点	内蒙古自治区呼和浩特市赛罕区鄂尔多斯港湾大厦
	汇入行	交通银行呼和浩特赛罕支行		
金额大写		人民币壹拾万零柒佰元整		
金额小写		¥100700.00	用途：	支付广告费
加急标志：		客户标识：	渠道：	流水号：189027546321

上列款项已按委托办理

（经办行盖章）

（印章：交通银行呼和浩特润宇支行 2018.12.27 转讫（01））

电脑打印　手工无效　　付款通知

图 3-94

【业务 42】

31 日，行政管理部门支付电话费及网络服务费。增值税专用发票 2 张、同城特约委托收款凭证如图 3-95、图 3-96 所示。

【注】总账会计业务。

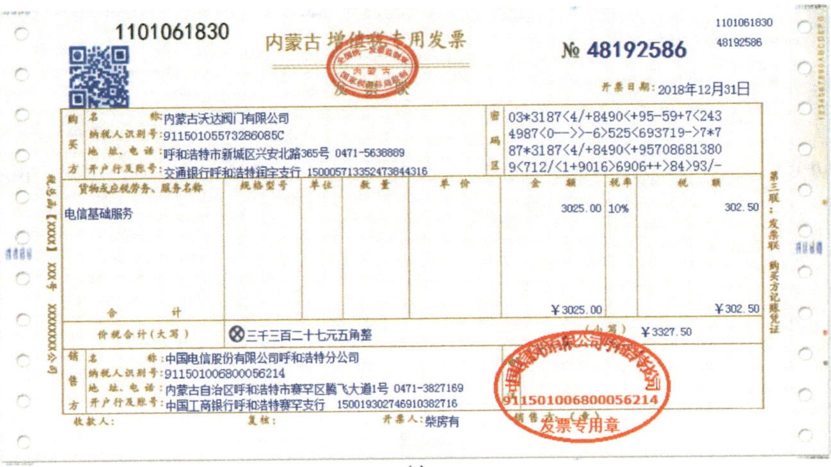

1101061830　内蒙古增值税专用发票　№ 48192586

1101061830　48192586

发票联

开票日期：2018年12月31日

购买方	名称：内蒙古沃达阀门有限公司 纳税人识别号：91150105573286085C 地址、电话：呼和浩特市新城区兴安北路365号 0471-5638889 开户行及账号：交通银行呼和浩特润宇支行 150005713352473844316			密码区	03*3187<4/+8490<+95-59+7<243 4987<0-->>-6>525<693719->7*7 87*3187<4/+8490<+95708681380 9<712/<1+9016>6906++>84>93/-		
货物或应税劳务、服务名称	规格型号	单位	数量	单价	金额	税率	税额
电信基础服务					3025.00	10%	302.50
合计					¥3025.00		¥302.50
价税合计（大写）	⊗三千三百二十七元五角整				（小写）¥3327.50		
销售方	名称：中国电信股份有限公司呼和浩特分公司 纳税人识别号：911501006800056214 地址、电话：内蒙古自治区呼和浩特市赛罕区腾飞大道1号 0471-3827169 开户行及账号：中国工商银行呼和浩特赛罕支行 150019302746910382716			备注			

收款人：　复核：　开票人：柴房有　销售方：（章）

第三联：发票联　购买方记账凭证

911501006800056214 发票专用章

(a)

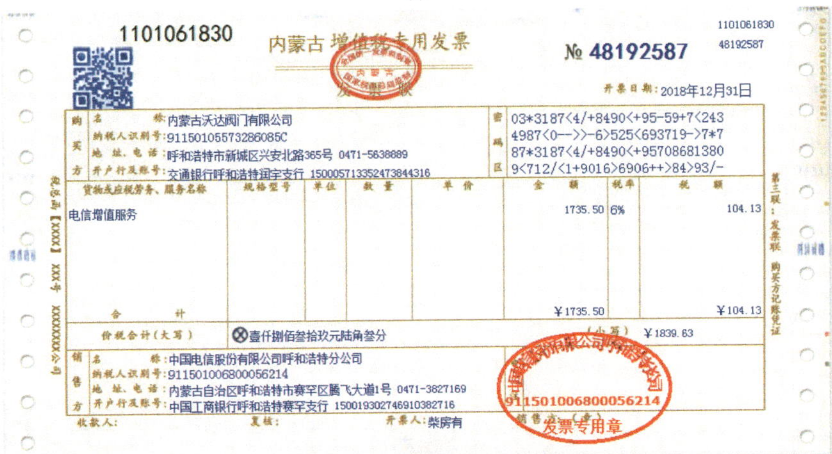

1101061830　内蒙古增值税专用发票　№ 48192587

1101061830　48192587

发票联

开票日期：2018年12月31日

购买方	名称：内蒙古沃达阀门有限公司 纳税人识别号：91150105573286085C 地址、电话：呼和浩特市新城区兴安北路365号 0471-5638889 开户行及账号：交通银行呼和浩特润宇支行 150005713352473844316			密码区	03*3187<4/+8490<+95-59+7<243 4987<0-->>-6>525<693719->7*7 87*3187<4/+8490<+95708681380 9<712/<1+9016>6906++>84>93/-		
货物或应税劳务、服务名称	规格型号	单位	数量	单价	金额	税率	税额
电信增值服务					1735.50	6%	104.13
合计					¥1735.50		¥104.13
价税合计（大写）	⊗壹仟捌佰叁拾玖元陆角叁分				（小写）¥1839.63		
销售方	名称：中国电信股份有限公司呼和浩特分公司 纳税人识别号：911501006800056214 地址、电话：内蒙古自治区呼和浩特市赛罕区腾飞大道1号 0471-3827169 开户行及账号：中国工商银行呼和浩特赛罕支行 150019302746910382716			备注			

收款人：　复核：　开票人：柴房有　销售方：（章）

第三联：发票联　购买方记账凭证

911501006800056214 发票专用章

(b)

图 3-95

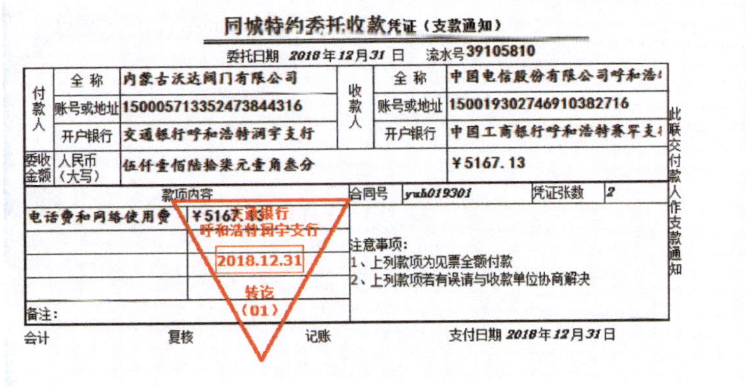

同城特约委托收款凭证（支款通知）

委托日期 2018年12月31日　流水号39105810

付款人	全称	内蒙古沃达阀门有限公司	收款人	全称	中国电信股份有限公司呼和浩
	账号或地址	150005713352473844316		账号或地址	150019302746910382716
	开户银行	交通银行呼和浩特润宇支行		开户银行	中国工商银行呼和浩特赛罕支
委收金额	人民币（大写）	伍仟壹佰陆拾柒元壹角叁分			¥5167.13
款项内容		合同号	yuh019301	凭证张数	2
电话费和网络使用费	¥5167.13	注意事项： 1、上列款项为见票全额付款 2、上列款项若有误请与收款单位协商解决			
备注：					

会计　复核　记账　支付日期 2018年12月31日

此联交付款人作支款通知

交通银行 呼和浩特润宇支行 2018.12.31 转讫 (01)

图 3-96

【业务 43】

31 日，处置固定资产。固定资产处置决定、固定资产折旧明细表、增值税专用发票（复印件）如图 3-97 ～图 3-99 所示。

【注】总账会计业务。

固定资产处置决定

因经营管理的需要，本公司2015年购入的管理设备（复印机）已不适合企业的发展需求，根据公司的财务管理制度，经董事会商议决定，将固定资产（复印机）予以处置。

单位：内蒙古沃达阀门有限公司

法定代表人：谌沃达　谌沃达印

日期：2018年12月31日

图 3-97

固定资产折旧明细表

2018年12月31日　　金额单位：元

类别及名称	购入日期	年限	净残值率	单价	数量	原值	月折旧率	月折旧额	截止至2018年12月31日已计提折旧
管理设备（复印机）	2015-12-01	5	4%	40000.00	1	40000.00	1.60%	640.00	23040.00

审核：邢伯文　　制表：孙娟

图 3-98

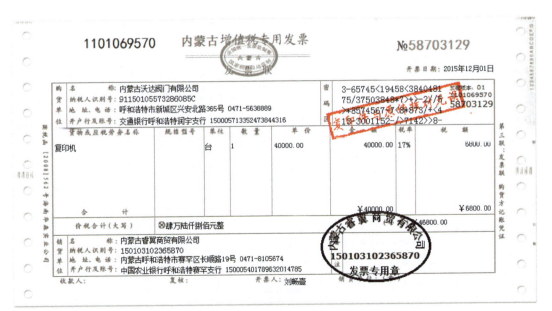

1101069570　内蒙古增值税专用发票　№58703129

发票联

开票日期：2015年12月01日

购货单位：
名　　称：内蒙古沃达阀门有限公司
纳税人识别号：91150105573286085C
地 址、电 话：呼和浩特市新城区兴安北路365号 0471-5638889
开户行及账号：交通银行呼和浩特润宇支行 15000571335247384316

密码区：
3-65745<19458<3840481　加密版本：01
75/37503848*7>+>-2//5　1101069570
>*8574567-7<8*873/+<4　58703129
13-3001152-/>7142>>8-

货物或应税劳务名称	规格型号	单位	数量	单价	金额	税率	税额
复印机		台	1	40000.00	40000.00	17%	6800.00
合计					￥40000.00		￥6800.00
价税合计（大写）	⊗肆万陆仟捌佰元整				（小写）￥46800.00		

销货单位：
名　　称：内蒙古睿翼商贸有限公司
纳税人识别号：150103102365870
地 址、电 话：内蒙古呼和浩特市赛罕区长顺路19号 0471-8105674
开户行及账号：中国农业银行呼和浩特赛罕支行 15000540178963201478

备注：内蒙古睿翼商贸有限公司 150103102365870 发票专用章

收款人：　　复核：　　开票人：刘畅壹　　销货单位：（章）

第三联：发票联 购货方记账凭证

图 3-99

【业务 44】

31 日，将已转入处置的固定资产销售。增值税专用发票、电子银行转账凭证如图 3-100、图 3-101 所示。

【注】总账会计业务。

1101061820　　内蒙古增值税专用发票　　№ 84917592　　1101061820　84917592

此联不作报销、扣税凭证使用　　　　开票日期：2018年12月31日

购买方	名　　称：呼和浩特吉高机械设备有限公司 纳税人识别号：911301024189103411 地 址、电 话：呼和浩特市新城区鸿盛工业园区13号 0471-8901849 开户行及账号：中国工商银行呼和浩特鸿盛支行 150001948273391048271	密码区	03*3187<4/+8490<+95-59+7<243 4987<0-->>-6>525<693719->7*7 87*3187<4/+8490<+95708681380 9<712/<1+9016>6906++>84>93/-

货物或应税劳务、服务名称	规格型号	单位	数量	单价	金额	税率	税额
复印机		台	1	9800.00	9800.00	16%	1568.00
合　　计					¥9800.00		¥1568.00
价税合计（大写）	⊗壹万壹仟叁佰陆拾捌元整				（小写）¥11368.00		

销售方	名　　称：内蒙古沃达阀门有限公司 纳税人识别号：91150105573286085C 地 址、电 话：呼和浩特市新城区兴安北路365号 0471-5638889 开户行及账号：交通银行呼和浩特润宇支行 150005713352473844316	备注	

收款人：　　复核：　　开票人：侯波　　销售方：（章）

第一联：记账联　销售方记账凭证

税总函【XXXX】XXX号 XXXXXXXX公司

图 3-100

电子银行转账凭证（收账通知）

2018年 12月 31日　　　　序号：18931095

付款人	户 名	呼和浩特吉高机械设备有限公司		
	账 号	150001948273391048271	汇出地点	呼和浩特市新城区鸿盛工业园区13号
	汇出行	中国工商银行呼和浩特鸿盛支行		
收款人	户 名	内蒙古沃达阀门有限公司		
	账 号	150005713352473844316	汇入地点	呼和浩特市新城区兴安北路365号
	汇入行	交通银行呼和浩特润宇支行		
金额大写		人民币壹万壹仟叁佰陆拾捌元整		
金额小写		¥11368.00	用途：	处置固定资产

加急标志：　　客户标识：　　渠道：　　流水号：106871041994

上列款项已按委托办理

交通银行呼和浩特润宇支行 2018.12.31 转讫（01）（经办行盖章）

电脑打印 手工无效　　收款通知

图 3-101

【业务 45】

31 日，支付固定资产评估费。报销单、增值税专用发票如图 3-102、图 3-103 所示。

【注】总账会计业务。

报　销　单

填报日期：2018 年 12 月 31 日　　　　单据及附件共 1 张

姓名	谢江铭	所属部门	行政部门	报销形式	现金
				支票号码	
报销项目		摘要		金额	备注：
复印机清理评估费		支付固定资产处置费用　现金付讫		954.00	
合计				¥954.00	
金额大写：零 拾 零 万 零 仟 玖 佰 伍 拾 肆 元 零 角 零 分				原借款：0.00 元	应退(补)款：954.00 元

总经理：王光辉　财务经理：邢伯文　部门经理：胡聚夏　会计：孙娟　出纳：牛唐露　报销人：谢江铭

图 3-102

1101051700　　内蒙古增值税专用发票　　№ 56561092　　1101051700　56561092

发　票　联　　开票日期：2018年12月31日

购买方	名称：内蒙古沃达阀门有限公司 纳税人识别号：91150105573286085C 地址、电话：呼和浩特市新城区兴安北路365号 0471-5638889 开户行及账号：交通银行呼和浩特润宇支行 150005713352473844316				密码区	03*3187<4/+8490<+95-59+7<243 4987<0-->>-6>525<693719->7*7 87*3187<4/+8490<+95708681380 9<712/<1+9016>6906++>84>93/-	
货物或应税劳务、服务名称	规格型号	单位	数量	单价	金额	税率	税额
资产评估费					900.00	6%	54.00
合计					¥900.00		¥54.00
价税合计（大写）	⊗玖佰伍拾肆元整				（小写）¥954.00		
销售方	名称：内蒙古安立信资产评估有限公司 纳税人识别号：91150105783040198M 地址、电话：内蒙古自治区呼和浩特市赛罕区锡林南路80号 0471-3382716 开户行及账号：中国工商银行呼和浩特赛罕支行 150001837291733091728				备注	内蒙古安立信资产评估有限公司 91150105783040198M 发票专用章	

收款人：　　复核：　　开票人：范解相　　销售方：（章）

第三联：发票联　购买方记账凭证

图 3-103

【业务 46】

31 日，结转固定资产清理损益。（提示：此业务属于生产经营期间正常报废清理产生的处理净损失）

【注】总账会计业务。

【业务 47】

31 日，无形资产摊销。无形资产摊销表如图 3-104 所示。

【注】总账会计业务。

无形资产摊销表

企业名称：内蒙古沃达阀门有限公司　　2018年12月31日　　金额单位：元

无形资产	使用日期	原值	摊销年限	月摊销额
土地使用权	2015-07-01	3150000.00	30	8750.00
非专利技术（管理部门）	2017-01-01	200000.00	10	1666.67
合计		3350000.00		10416.67

审核：邢伯文　　制单：孙娟

图 3-104

【业务 48】

31 日，出售股票（股票卖出手续费忽略）。证券交易对账单如图 3-105 所示。

【注】总账会计业务。

内蒙古恒泰证券中山路营业部对账单

客户编号：220310268　　姓名：内蒙古沃达阀门有限公司　　对账日期：2018.12.31　　打印柜员：2270

资金信息：

币种	资金余额	可用金额	可取现金	资产总值
人民币	285644.00	285644.00	285644.00	5999000.00

流水明细：

日期	币种	业务标志	证券名称	证券代码	发生数量	成交均价	佣金	印花税	其他费	收付金额	资金余额	备注
2018.12.31	人民币	股票卖出	兰太实业	600308	200000	18.00	0.00	0.00	0.00	3600000.00	5999000.00	

图 3-105

【业务 49】

31 日，核算交易性金融资产公允价值变动。公允价值变动计算表如图 3-106 所示。

【注】总账会计业务。

公允价值变动计算表

单位：内蒙古沃达阀门有限公司　　2018年12月31日　　金额单位：元

交易性金融资产	账面价值	公允价值	公允价值变动
内蒙古兰太实业股份有限公司	2100000.00	3600000.00	1500000.00
合计	2100000.00	3600000.00	1500000.00

审核：邢伯文　　制表：孙娟

图 3-106

【业务 50】

31 日，自用办公楼出租。固定资产折旧明细表、董事会决议、租赁合同如图 3-107 ～图 3-109 所示。

【注】总账会计业务。

固定资产折旧明细表

2018年12月31日　　　　金额单位：元

类别及名称	使用日期	年限	净残值率	单价	数量	原值	年折旧率	期末净值	月折旧额	累计折旧
房屋建筑物（1#楼）	2015-08-01	20	4%	600000.00	1	600000.00	4.80%	504000.00	2400.00	96000.00

审核：邢伯文　　　　制单：孙娟

图 3-107

董事会决议

为了充分利用现有资源，发挥最大效益，经董事会协商决议将1#办公楼对外出租，该办公楼的公允价值为人民币陆拾贰万贰仟元整（¥622000.00），原值为人民币陆拾万元整（¥600000.00）。

内蒙古沃达阀门有限公司

2018年12月31日

图 3-108

租赁合同

出租方：内蒙古沃达阀门有限公司（以下简称甲方）

承租方：际华五三零三服装有限公司（以下简称乙方）

为盘活企业存量资产，发挥现有闲置场所的经济效益，甲方将1#办公楼出租给乙方管理使用，为明确双方权利义务关系，协商订本合同，共同信守：

一、租期为三年，自2018年12月31日起至2021年12月30日止。

二、租金及交纳：乙方每月向甲方交纳租金人民币玖万元整。

三、甲方对出租的财产有监督权，并每月检查一次，如发现乙方有不当使用或损坏情况时，督促乙方维修。

四、乙方承租经营期间发生的财产损失及人身安全责任均由乙方承担。

五、合同期满，乙方应承担的财产如数交还甲方，其它财产如有丢失损坏(正常折旧除外)应负责修复或折价赔偿，乙方添置的财产自行处理，到期后同等条件下乙方优先承租。如不再承租时应自期满之日起十日内撤出属乙方的财产。逾期不搬视为自动放弃财产权。

六、本合同自双方签字盖章并经公证之日起生效，除依据法律政策规定或经双方协商同意后方可变更、解除外，任何一方单方毁约应向对方偿付租金总额10%的违约金。

……

十一、合同争议的解决方式

本合同在履行过程中发生的争议，由甲乙双方协商解决；协商不成的依法向人民法院提起诉讼。

十二、本合同一式二份，甲乙双方各一份。

甲方：内蒙古沃达阀门有限公司　　　　乙方：际华五三零三服装有限公司

法定代表人：谌沃达　　　　法定代表人：廖晓东

开户行：交通银行呼和浩特调宇支行　　　　开户行：交通银行呼和浩特新城支行

日期：2018年12月31日　　　　日期：2018年12月31日

图 3-109

【业务 51】

31 日，支付长期借款（专项借款）本月利息，该专项借款所建工程尚未完工，在建工程本期未发生非正常中断。借款合同、付款通知书如图 3-110、图 3-111 所示。

【注】总账会计业务。

借款合同

贷款方：交通银行呼和浩特金桥支行　　借款方：内蒙古沃达阀门有限公司

经贷款方于借款方充分协议，签订本合同，共同遵守

一、由贷款方提供借款方借款人民币壹佰伍拾陆万元整（1560000.00），用于3#厂房的建设，贷款期限自2017年01月01日至2021年12月31日。

二、贷款方应按期、按额想借款方提供贷款，否则，按违约数和延期天数付给借款方违约金。违约金数额的计算率，与逾期贷款罚息的计算率相同，即为每日万分之五。

三、借款利息为银行同期年利率6%，每月月底支付当期利息，2021年12月31日归还本金及当月利息。

四、借款方按协议使用借款，不得转移用途，否则，贷款方有权停止发放新贷款，直至收回已发放的贷款。

五、借款方保证按借款契约所订期限归还贷款本息。如需延期，借款方至迟在贷款到期前3天，提出延期申请，经贷款方同意，办理延期手续，但延期最长不超过原订期限的一半。贷款方未同意延期或未办理延期手续的逾期贷款，加收罚息。

六、贷款到期后1个月，如借款方不归还贷款，贷款方有权依照法律程序处理借款方作为贷款抵押的财产，抵还借款本息

七、合同争议的解决方式：

本合同在履行过程中发生的争议，由借贷款双方协商解决；协商不成的依法向人民法院提起诉讼。

…………。

十二、本协议一式二份，借贷款双方各执一份，本协议自双方签字起即生效。

贷款方：交通银行呼和浩特金桥支行　　借款方：内蒙古沃达阀门有限公司

法定代表人：王丹丹　　法定代表人：谌沃达

签订日期：2017年1月1日　　签订日期：2017年01月01日

图 3-110

交 通 银 行（呼和浩特金桥支行）付 款 通 知 书

日期 2018.12.31

机构号 1125130　　交易代码 1924145074033390

单位名称	内蒙古沃达阀门有限公司		
账号	1500073114599356266887		
摘要 贷款金额 1560000.00	利率（年） 6%	计息时间 2018.12.01-2018.12.31	利息金额 7800.00
		金额合计	¥7800.00
金额合计（大写）	人民币柒仟捌佰元整		

流水号 12410735840　　经办 刘鹏明

第一联 存根

图 3-111

【业务 52】

31日，收到【业务30】销售商品货款及代垫运费款。现金折扣计算表、电子汇划收款回单如图3-112、图3-113所示。

【注】总账会计业务。

现金折扣计算表

2018年12月31日　　单位：元

品名	应收额				现金折扣率	现金折扣金额	实收额
	金额	税额	代垫运费	合计			
铸铁阀门							
铸铜阀门							
代垫运费							
合计							

审核：　　制单：

图 3-112

交通银行电子汇划收款回单

2018年12月31日　　流水号：000004709009769

付款人	全称	内蒙古环球阀门销售有限公司	收款人	全称	内蒙古沃达阀门有限公司
	账号	1500020490214539871 20		账号	1500057133524738443 16
	开户行	交通银行内蒙古呼和浩特回民支行		开户行	交通银行呼和浩特润宇支行
金额	（大写）人民币玖拾柒万叁仟陆佰元整			¥973600.00	
用途	货款				

备注：
汇划日期：2018年12月31日　　汇划流水号：033864798028769
汇出行行号：301121000251　　原凭证种类：0152
原凭证号码：　　原凭证金额：¥2243600.00
汇款人地址：
收款人地址：
实际收款人账号：150005713352473844316
实际收款人名称：内蒙古沃达阀门有限公司
银行盖章

图 3-113

【业务 53】

31 日，计算并结转本月应代扣个人所得税。个人所得税计算表如图 3-114 所示。

【注】总账会计业务。

个人所得税计算表

2018年12月31日　　金额单位：元

姓名	应付工资	三险一金	应税职工福利费	应纳税所得额	应交个人所得税
谌沃达	13000.00	2445.00	250.00		
王光辉	11000.00	2334.00	250.00		
邢伯文	8300.00	1779.00	250.00		
王彩霞	7000.00	1512.60	250.00		
卢大兴	5500.00	1113.00	250.00		
郑拓	6500.00	1335.00	250.00		
李兴萍	6000.00	1224.00	250.00		
孙娟	4500.00	935.40	250.00		
李志豪	4500.00	935.40	250.00		
合计	66300.00	13613.40	2250.00		
备注：公司其他职工本月无应交个人所得税					

审核：邢伯文　　制单：孙娟

图 3-114

【业务 54】

31 日，分配本月职工薪酬（分配率保留小数点后四位，分配金额保留小数点后两位）。职工薪酬汇总表、职工薪酬分配表如图 3-115、图 3-116 所示。

【注】成本会计业务。

职工薪酬汇总表

2018年12月31日　　金额单位：元

部门		短期薪酬								离职后福利		合计
		应付工资	五险一金基数	医疗保险	工伤保险	生育保险	住房公积金	工会经费	职工教育经费	养老保险	失业保险	
				10.00%	0.20%	0.80%	12.00%	2.00%		19.00%	0.80%	
第一车间	生产工人	165762.55	147400.00	14740.00	294.80	1179.20	17688.00	3315.25	4715.00	28006.00	1179.20	236880.00
	管理人员	14614.31	12600.00	1260.00	25.20	100.80	1512.00	292.29	230.00	2394.00	100.80	20529.40
第二车间	生产工人	124570.20	120300.00	12030.00	240.60	962.40	14436.00	2491.40	3450.00	22857.00	962.40	182000.00
	管理人员	14614.31	12600.00	1260.00	25.20	100.80	1512.00	292.29	230.00	2394.00	100.80	20529.40
管理部门		78200.00	70300.00	7030.00	140.60	562.40	8436.00	1564.00	1150.00	13357.00	562.40	111002.40
销售部门		37400.00	35100.00	3510.00	70.20	280.80	4212.00	748.00	575.00	6669.00	280.80	53745.80
合计		435161.37	398300.00	39830.00	796.60	3186.40	47796.00	8703.23	10350.00	75677.00	3186.40	624687.00

审核：邢伯文　　制单：林桂英

图 3-115

职工薪酬分配表

2018年12月31日　　金额单位：元

受益对象		分配标准（工时）	分配率	分配金额
第一车间	铸铁阀门模型	6605		
	铸铜阀门模型	8200		
	小计	14805		
第二车间	铸铁阀门	4500		
	铸铜阀门	5900		
	小计	10400		
车间管理人员	第一车间			
	第二车间			
	小计			
公司管理人员				
公司销售人员				
合计				

审核：邢伯文　　制单：林桂英

图 3-116

【业务 55】

承上题，31 日，分配本月职工薪酬。

【注】成本会计业务。

【业务 56】

31 日，分配本月职工福利（保留小数点后两位）。职工福利费汇总表、职工福利费分配表如图 3-117、图 3-118 所示。

【注】成本会计业务。

职工福利费汇总表

2018年12月31日　　金额单位：元

部门		本月发生福利费支出
第一车间	生产工人	10250.00
	管理人员	500.00
第二车间	生产工人	7500.00
	管理人员	500.00
管理部门		2500.00
销售部门		1250.00
合计		22500.00

审核：邢伯文　　制单：孙娟

图 3-117

职工福利费分配表

2018年12月31日　　金额单位：元

受益对象		分配标准（人数）	分配率	分配金额
第一车间	铸铁阀门模型	22		
	铸铜阀门模型	19		
	小计	41		
第二车间	铸铁阀门	18		
	铸铜阀门	12		
	小计	30		
车间管理人员	第一车间			
	第二车间			
	小计			
公司管理人员				
公司销售人员				
合计				

审核：邢伯文　　制单：林桂英

图 3-118

【业务 57】

承上题，31 日，分配本月发生的职工福利费。

【注】成本会计业务。

【业务 58】

31 日，计算固定资产折旧（提示：计算结果保留 2 位小数）。固定资产折旧计算表如图 3-119 所示。

【注】成本会计业务。

固定资产折旧计算表

2018年12月31日　　金额单位：元

使用单位和固定资产类别		原值	固定资产月折旧率%	本月应提折旧额
第一车间	厂房	1580000.00	0.40%	
	生产设备	2300000.00	0.80%	
	小计	3880000.00		
第二车间	厂房	980000.00	0.40%	
	生产设备	1050000.00	0.80%	
	小计	2030000.00		
管理部门	房屋	2600000.00	0.40%	
	运输设备	256600.00	2.00%	
	管理设备	68000.00	1.60%	
	小计	2924600.00		
销售部门	管理设备	35000.00	1.60%	
	小计	35000.00		
合计		8869600.00		

审核：邢伯文　　制表：林桂英

图 3-119

【业务 59】

承上题，31 日，计提本月固定资产折旧。

【注】成本会计业务。

【业务 60】

31 日，支付并分配本月水费。增值税专用发票、同城特约委托收款凭证、外购水费分配表如图 3-120 ～图 3-122 所示。

【注】成本会计业务。

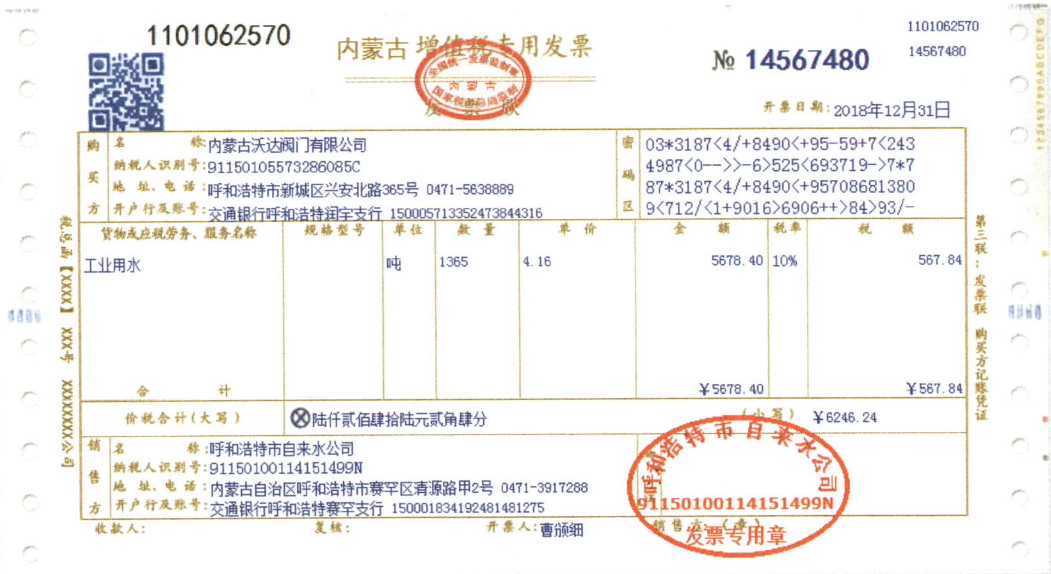

1101062570　内蒙古增值税专用发票　№ 14567480　1101062570　14567480

开票日期：2018年12月31日

购买方	名称：内蒙古沃达阀门有限公司 纳税人识别号：91150105573286085C 地址、电话：呼和浩特市新城区兴安北路365号 0471-5638889 开户行及账号：交通银行呼和浩特润宇支行 150005713352473844316	密码区	03*3187<4/+8490<+95-59+7<243 4987<0-->>-6>525<693719->7*7 87*3187<4/+8490<+95708681380 9<712/<1+9016>6906++>84>93/-

货物或应税劳务、服务名称	规格型号	单位	数量	单价	金额	税率	税额
工业用水		吨	1365	4.16	5678.40	10%	567.84
合计					¥5678.40		¥567.84
价税合计（大写）	⊗陆仟贰佰肆拾陆元贰角肆分				（小写）¥6246.24		

销售方	名称：呼和浩特市自来水公司 纳税人识别号：91150100114151499N 地址、电话：内蒙古自治区呼和浩特市赛罕区清源路甲2号 0471-3917288 开户行及账号：交通银行呼和浩特赛罕支行 150001834192481481275	备注	呼和浩特市自来水公司 91150100114151499N 发票专用章

收款人：　复核：　开票人：曹颁细　销售方：（章）

第三联：发票联　购买方记账凭证

图 3-120

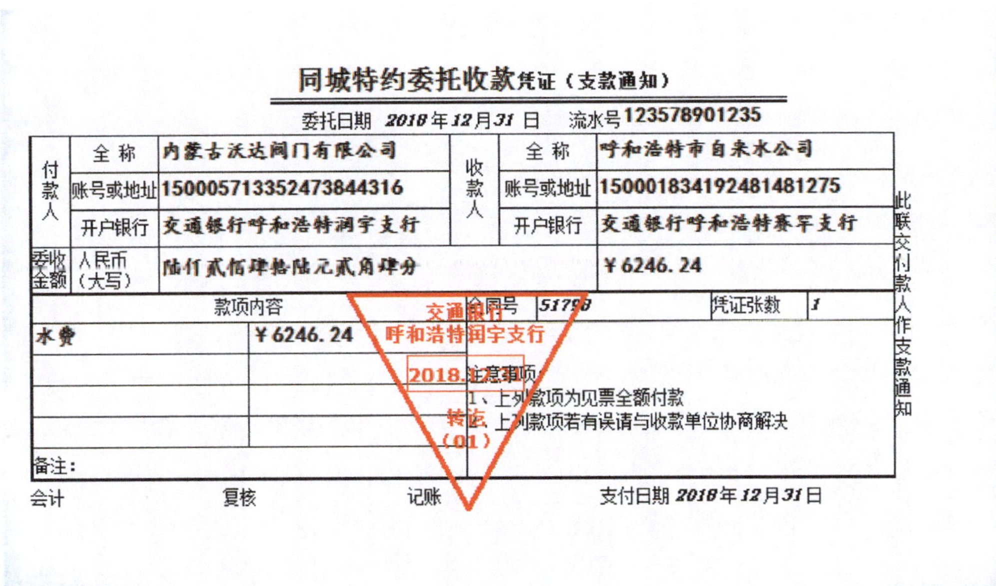

同城特约委托收款凭证（支款通知）

委托日期 2018年12月31日　流水号 123578901235

付款人			收款人		
全称	内蒙古沃达阀门有限公司		全称	呼和浩特市自来水公司	
账号或地址	150005713352473844316		账号或地址	150001834192481481275	
开户银行	交通银行呼和浩特润宇支行		开户银行	交通银行呼和浩特赛罕支行	
委收金额	人民币（大写）	陆仟贰佰肆拾陆元贰角肆分		¥6246.24	
款项内容		合同号	51798	凭证张数	1
水费	¥6246.24	注意事项： 1、上列款项为见票全额付款 2、上列款项若有误请与收款单位协商解决			
备注：					

会计　复核　记账　支付日期 2018年12月31日

此联交付款人作支款通知

交通银行呼和浩特润宇支行 2018.12.31 转讫（01）

图 3-121

外购水费分配表

企业名称：内蒙古沃达阀门有限公司　　2018年12月31日　　金额单位：元

受益对象	耗用量（吨）	分配率	分配金额
第一车间	750	4.16	
第二车间	510	4.16	
公司管理部门	75	4.16	
公司销售部门	30	4.16	
合计	1365		

审核：邢伯文　　制表：林桂英

图 3-122

【业务 61】

31 日，支付并分配本月电费。增值税专用发票、同城特约委托收款凭证、外购电费分配表如图 3-123 ～图 3-125 所示。

【注】成本会计业务。

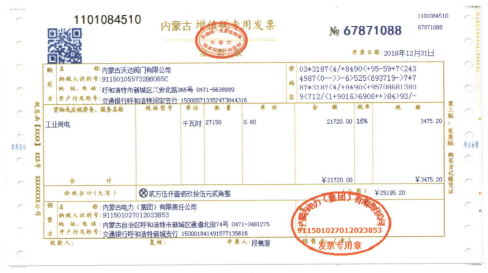

1101084510　　内蒙古增值税专用发票　　№ 67871088　　1101084510　67871088

发票联

开票日期：2018年12月31日

购买方　名称：内蒙古沃达阀门有限公司
纳税人识别号：91150105573286085C
地址、电话：呼和浩特市新城区兴安北路365号 0471-5638880
开户行及账号：交通银行呼和浩特润宇支行 150005713352473844316

密码区：
03*3187<4/+8490<+95-59+7<243
4987<0—>>-6>525<693719->7*7
87*3187<4/+8490<+95708681380
9<712/<1+9016>6906++>84>93/-

货物或应税劳务、服务名称	规格型号	单位	数量	单价	金额	税率	税额
工业用电		千瓦时	27150	0.80	21720.00	16%	3475.20
合计					¥21720.00		¥3475.20
价税合计（大写）	⊗贰万伍仟壹佰玖拾伍元贰角整				（小写）¥25195.20		

销售方　名称：内蒙古电力（集团）有限责任公司
纳税人识别号：911501027012023853
地址、电话：内蒙古自治区呼和浩特市新城区通道北街74号 0471-3481275
开户行及账号：交通银行呼和浩特新城支行 150001841491577135616

收款人：　复核：　开票人：段槐游　销售方：（章）

内蒙古电力（集团）有限责任公司 911501027012023853 发票专用章

第三联：发票联 购买方记账凭证

图 3-123

同城特约委托收款凭证（支款通知）

委托日期 2018年12月31日　流水号 123578901236

付款人	全称	内蒙古沃达阀门有限公司	收款人	全称	内蒙古电力（集团）有限责任公司
	账号或地址	150005713352473844316		账号或地址	150001841491577135616
	开户银行	交通银行呼和浩特润宇支行		开户银行	交通银行呼和浩特新城支行
委收金额	人民币（大写）	贰万伍仟壹佰玖拾伍元贰角整			¥25195.20
款项内容			合同号	52078	凭证张数 1
电费	¥25195.20				

注意事项：
1、上列款项为见票全额付款
2、上列款项若有误请与收款单位协商解决

备注：

交通银行呼和浩特润宇支行 2018.12.31 转讫 (01)

此联交付款人作支款通知

会计　复核　记账　支付日期 2018年12月31日

图 3-124

外购电费分配表

企业名称：内蒙古沃达阀门有限公司　　2018年12月31日　　金额单位：元

受益对象	耗用量（千瓦时）	分配率	分配金额
第一车间	16150	0.80	
第二车间	9550	0.80	
公司管理部门	850	0.80	
公司销售部门	600	0.80	
合计	27150		

审核：邢伯文　　制表：林桂英

图 3-125

【业务 62】

31 日，计算发出材料单位成本，单价按照全月一次加权平均法计算，单位成本保留 2 位小数。发出材料单位成本如图 3-126 所示。

【注】成本会计业务。

发出材料单位成本

编制单位：内蒙古沃达阀门有限公司　2018年12月31日　　金额单位：元

类型	名称	单位	期初余额			本月购入			发出材料单位成本
			数量	单价	金额	数量	单价	金额	
原材料	阀座	个	180.00	72.98	13136.70				
原材料	启闭件	个	330.00	5.00	1650.00				
原材料	铸铁阀体	件	85.00	58.02	4931.85				
原材料	铸铁阀盖	件	85.00	27.97	2377.45				
原材料	铸铜阀体	件	75.00	74.98	5623.75				
原材料	铸铜阀盖	件	75.00	34.01	2550.75				
原材料	铸铁支架	套	90.00	29.98	2698.60				
原材料	铸铜支架	套	70.00	37.99	2659.40				
原材料	阀杆	件	1155.00	2.00	2310.00				
原材料	轴套	个	2365.00	1.50	3547.50				
原材料	弹簧	个	830.00	0.15	124.50				
原材料	螺母	个	3860.00	0.20	772.00				
周转材料	包装盒	个	5000	3.00	15000.00				

审核：邢伯文　　制表：林桂英

图 3-126

【业务 63】

31 日，承上题，编制发出材料汇总表和材料费用分配表（提示：分配率保留 4 位小数，分配金额保留 2 位小数，尾差计入铸铜阀门模型、铸铜阀门）。领料单 6 张、第一车间发出材料汇总表、第二车间发出材料汇总表、第一车间材料费用分配表、第二车间材料费用分配表如图 3-127 ～图 3-131 所示。

【注】成本会计业务。

领 料 单

领料部门：第一车间

用 途：生产铸铁阀门模型　　2018 年 12 月 05 日　　第 0147825 号

材料			单位	数量		成本	
编号	名称	规格		请领	实发	单价	总价（百十万千百十元角分）
00103	铸铁阀体		件	800	800		
00104	铸铁阀盖		件	800	800		
合计							

会计联

部门经理：胡聚夏　　会计：林桂英　　仓库：刘啸　　经办人：谢江铭

(a)

领 料 单

领料部门：第一车间

用 途：生产铸铜阀门模型　　2018 年 12 月 05 日　　第 0147826 号

材料			单位	数量		成本	
编号	名称	规格		请领	实发	单价	总价（百十万千百十元角分）
00105	铸铜阀体		件	700	700		
00106	铸铜阀盖		件	700	700		
合计							

会计联

部门经理：胡聚夏　　会计：林桂英　　仓库：刘啸　　经办人：谢江铭

(b)

领 料 单

领料部门：第一车间

用 途：共同耗用　　2018 年 12 月 05 日　　第 0147827 号

材料			单位	数量		成本	
编号	名称	规格		请领	实发	单价	总价（百十万千百十元角分）
00101	阀座		件	1500	1500		
00102	启闭件		件	3000	3000		
合计							

会计联

部门经理：胡聚夏　　会计：林桂英　　仓库：刘啸　　经办人：谢江铭

(c)

图 3-127

领　料　单

领料部门：第二车间

用　　途：生产铸铁阀门　　　　2018 年 12 月 07 日　　　　第 0147828 号

材料			单位	数量		成本	
编号	名称	规格		请领	实发	单价	总价（百十万千百十元角分）
00107	铸铁支架		套	850	850		
合计							

会计联

部门经理：胡聚夏　　会计：林桂英　　仓库：刘啸　　经办人：谢江铭

(d)

领　料　单

领料部门：第二车间

用　　途：生产铸铜阀门　　　　2018 年 12 月 07 日　　　　第 0147829 号

材料			单位	数量		成本	
编号	名称	规格		请领	实发	单价	总价（百十万千百十元角分）
00108	铸铜支架		套	650	650		
合计							

会计联

部门经理：胡聚夏　　会计：林桂英　　仓库：刘啸　　经办人：谢江铭

(e)

领　料　单

领料部门：第二车间

用　　途：共同耗用　　　　2018 年 12 月 07 日　　　　第 0147830 号

材料			单位	数量		成本	
编号	名称	规格		请领	实发	单价	总价（百十万千百十元角分）
00109	阀杆		件	12750	12750		
00110	轴套		个	27000	27000		
00111	弹簧		个	9000	9000		
00112	螺母		个	45000	45000		
合计							

会计联

部门经理：胡聚夏　　会计：林桂英　　仓库：刘啸　　经办人：谢江铭

(f)

图 3-127

第一车间发出材料汇总表

编制单位：内蒙古沃达阀门有限公司 2018年12月31日　　　　金额单位：元

原材料			生产耗用				共同耗用	
			铸铁阀门模型		铸铜阀门模型			
品名	单位	单位成本	数量	金额	数量	金额	数量	金额
阀座	个							
启闭件	个							
铸铁阀体	件							
铸铁阀盖	件							
铸铜阀体	件							
铸铜阀盖	件							
合计								

审核：邢伯文　　　　制单：林桂英

图 3-128

第二车间发出材料汇总表

编制单位：内蒙古沃达阀门有限公司 2018年12月31日　　　　金额单位：元

原材料			生产耗用				共同耗用	
			铸铁阀门		铸铜阀门			
品名	单位	单位成本	数量	金额	数量	金额	数量	金额
铸铁支架	套							
铸铜支架	套							
阀杆	件							
轴套	个							
弹簧	个							
螺母	个							
合计								

审核：邢伯文　　　　制单：林桂英

图 3-129

第一车间材料费用分配表

编制单位：内蒙古沃达阀门有限公司　　　　2018年12月31日　　　　金额单位：元

产品名称	本月投产量	阀座			启闭件			直接计入	材料费用合计
		单位消耗定额	分配率	分配额	单位消耗定额	分配率	分配额		
铸铁阀门模型	800	1.0000			2.0000				
铸铜阀门模型	700	1.0000			2.0000				
合计									

审核：邢伯文　　　　制单：林桂英

图 3-130

第二车间材料费用分配表

编制单位：内蒙古沃达阀门有限公司　　　　2018年12月31日　　　　金额单位：元

产品名称	本月投产量	阀杆			轴套			弹簧			螺母			直接计入	材料费用合计
		单位消耗定额	分配率	分配额	单位消耗定额	分配率	分配额	单位消耗定额	分配率	分配额	单位消耗定额	分配率	分配额		
铸铁阀门	850	8.5000			18.0000			6.0000			30.0000				
铸铜阀门	650	8.5000			18.0000			6.0000			30.0000				
合计															

审核：邢伯文　　　　制单：林桂英

图 3-131

【业务 64】

承前两题，31 日，结转发出材料成本。

【注】成本会计业务。

【业务 65】

31 日，结转本月发出周转材料成本。发出周转材料汇总表、领料单 2 张如图 3-132、图 3-133 所示。

【注】成本会计业务。

发出周转材料汇总表

领用部门：第二车间

用　途：包装产品　　2018年12月31日　　金额单位：元

品名	包装盒（个）				备注
	数量		单位成本	金额	
	请领	实发			
铸铁阀门	1500	1500	3.00	4500.00	
铸铜阀门	1350	1350	3.00	4050.00	
合计				8550.00	

审核：邢伯文　　制单：林桂英

图 3-132

领　料　单

领料部门：第二车间

用　途：生产铸铁阀门　　2018 年 12 月 08 日　　第 0147831 号

材料			单位	数量		成本									
编号	名称	规格		请领	实发	单价	总价								
							百	十	万	千	百	十	元	角	分
00113	包装盒		个	1500	1500										
合计															

会计联

部门经理：胡聚夏　　会计：林桂英　　仓库：刘啸　　经办人：谢江铭

(a)

领　料　单

领料部门：第二车间

用　途：生产铸铜阀门　　2018 年 12 月 08 日　　第 0147832 号

材料			单位	数量		成本									
编号	名称	规格		请领	实发	单价	总价								
							百	十	万	千	百	十	元	角	分
00113	包装盒		个	1350	1350										
合计															

会计联

部门经理：胡聚夏　　会计：林桂英　　仓库：刘啸　　经办人：谢江铭

(b)

图 3-133

【业务 66】

31 日，编制制造费用分配表（分配率保留 4 位小数，分配金额保留两位小数）。制造费用分配表如图 3-134 所示。

【注】成本会计业务。

制造费用分配表

编制单位：内蒙古沃达阀门有限公司 2018年12月31日　　金额单位：元

生产车间	产品名称	分配标准（工时）	分配率	分配金额
第一车间	铸铁阀门模型	6605		
	铸铜阀门模型	8200		
	合计	14805		
第二车间	铸铁阀门	4500		
	铸铜阀门	5900		
	合计	10400		

审核：邢伯文　　制表：林桂英

图 3-134

【业务 67】

承上题，31 日，分配并结转本月制造费用（制造费用需按明细结转）。

【注】成本会计业务。

【业务 68】

31 日，计算半成品完工程度及月末在产品约当产量（完工程度以百分号表示，且保留百分号前两位小数）。半成品期末在产品约当产量计算表 2 张如图 3-135 所示。

【注】成本会计业务。

半成品期末在产品约当产量计算表

产品名称：铸铁阀门模型　　2018年12月31日　　单位：床

工序	工序名称	定额工时（时）	完工程度	期末在产品数量	在产品约当产量
1	模具制作	4		50	
2	阀门铸造	2		100	
3	抛砂处理	2		50	
4	金工加工	2		50	
合计		10		250	

审核：邢伯文　　制单：林桂英

(a)

半成品期末在产品约当产量计算表

产品名称：铸铜阀门模型　　2018年12月31日　　单位：床

工序	工序名称	定额工时（时）	完工程度	期末在产品数量	在产品约当产量
1	模具制作	4		100	
2	阀门铸造	2		30	
3	抛砂处理	2		50	
4	金工加工	2		40	
合计		10		220	

审核：邢伯文　　制单：林桂英

(b)

图 3-135

【业务 69】

31 日，填制半成品成本计算单（提示：单位成本保留 4 位小数，单位成本合计保留 2 位小数，尾差记入月末在产品）。入库单 2 张、半成品成本计算单如图 3-136、图 3-137 所示。

【注】成本会计业务。

入　库　单

2018 年　12 月　07 日　　　　单号 ruke1072

交来单位及部门	第一车间	发票号码或生产单号码		验收仓库	半成品库	入库日期	2018年12月07日		
编号	名称及规格	单位	数量		实际价格		计划价格		价格差异
			交库	实收	单价	金额	单价	金额	
b01	铸铁阀门模型	个	420	420					
b02	铸铜阀门模型	个	350	350					
合　计									

会计联

部门经理：胡聚夏　　会计：林桂英　　仓库：刘啸　　经办人：谢江铭

(a)

入　库　单

2018 年　12 月　15 日　　　　单号 ruke1073

交来单位及部门	第一车间	发票号码或生产单号码		验收仓库	半成品库	入库日期	2018年12月15日		
编号	名称及规格	单位	数量		实际价格		计划价格		价格差异
			交库	实收	单价	金额	单价	金额	
b01	铸铁阀门模型	个	430	430					
b02	铸铜阀门模型	个	300	300					
合　计									

会计联

部门经理：胡聚夏　　会计：林桂英　　仓库：刘啸　　经办人：谢江铭

(b)

图 3-136

半成品成本计算单

产品：铸铁阀门模型　　2018年12月31日　　单位：元

项目	月初在产品成本	本月发生费用	生产费用合计	期末在产品约当产量	完工产品产量	单位成本	完工产品总成本	期末在产品成本
直接材料	51042.00							
直接人工	20750.00							
制造费用	5201.00							
合计	76993.00							

审核：邢伯文　　制单：林桂英

(a)

半成品成本计算单

产品：铸铜阀门模型　　2018年12月31日　　单位：元

项目	月初在产品成本	本月发生费用	生产费用合计	期末在产品约当产量	完工产品产量	单位成本	完工产品总成本	期末在产品成本
直接材料	33758.60							
直接人工	16500.00							
制造费用	4215.00							
合计	54473.60							

审核：邢伯文　　制单：林桂英

(b)

图 3-137

【业务 70】

承前两题，31 日，结转本月完工半成品成本。

【注】成本会计业务。

【业务 71】

31 日，不存在期初半成品，结合上题，将直接入库的半成品作为下一步的材料。出库单 2 张如图 3-138 所示。

【注】成本会计业务。

出 库 单

出货单位：内蒙古沃达阀门有限公司　　2018 年 12 月 09 日　　单号：cyut0165

提货单位或领货部门	第二车间	销售单号		发出仓库	半成品库	出库日期	2018-12-09
编号	名称及规格	单位	数量 应发	数量 实发	单价	金额	
01	铸铁阀门模型	个	400	400			
02	铸铜阀门模型	个	325	325			
合计							

会计联

部门经理：胡聚夏　　会计：林桂英　　仓库：刘啸　　经办人：谢江铭

(a)

出 库 单

出货单位：内蒙古沃达阀门有限公司　　2018 年 12 月 19 日　　单号：cyut0166

提货单位或领货部门	第二车间	销售单号		发出仓库	半成品库	出库日期	2018-12-19
编号	名称及规格	单位	数量 应发	数量 实发	单价	金额	
01	铸铁阀门模型	个	450	450			
02	铸铜阀门模型	个	325	325			
合计							

会计联

部门经理：胡聚夏　　会计：林桂英　　仓库：刘啸　　经办人：谢江铭

(b)

图 3-138

【业务 72】

31 日，计算在产品完工程度及月末在产品约当产量（完工程度以百分号表示，且保留百分号前两位小数）。期末在产品约当产量计算表 2 张如图 3-139 所示。

【注】成本会计业务。

期末在产品约当产量计算表

产品名称：铸铁阀门　　2018年12月31日　　单位：床

工序	工序名称	定额工时（时）	完工程度	期末在产品数量	在产品约当产量
1	配件组装	2		60	
2	产品试压	2		50	
3	封存	1		80	
合计		5		190	

审核：邢伯文　　制单：林桂英

(a)

期末在产品约当产量计算表

产品名称：铸铜阀门　　2018年12月31日　　单位：床

工序	工序名称	定额工时（时）	完工程度	期末在产品数量	在产品约当产量
1	配件组装	2		80	
2	产品试压	2		40	
3	封存	1		60	
合计		5		180	

审核：邢伯文　　制单：林桂英

(b)

图 3-139

【业务 73】

31 日，填制产品成本计算单及产品成本汇总表（提示：单位成本保留 4 位小数，单位成本合计保留 2 位小数，尾差记入月末在产品）。入库单 2 张、产品成本计算单 2 张、产品成本汇总表如图 3-140 ～图 3-142 所示。

【注】成本会计业务。

入　库　单

2018 年　12 月　09 日　　单号 ruke1074

交来单位及部门	第二车间	发票号码或生产单号码		验收仓库	产成品库	入库日期	2018年12月09日

编号	名称及规格	单位	数量		实际价格		计划价格		价格差异
			交库	实收	单价	金额	单价	金额	
01	铸铁阀门	个	360	360					
02	铸铜阀门	个	290	290					
合计									

会计联

部门经理：胡聚夏　　会计：林桂英　　仓库：刘啸　　经办人：谢江铭

(a)

入　库　单

2018 年　12 月　19 日　　单号 ruke1075

交来单位及部门	第二车间	发票号码或生产单号码		验收仓库	产成品库	入库日期	2018年12月21日

编号	名称及规格	单位	数量		实际价格		计划价格		价格差异
			交库	实收	单价	金额	单价	金额	
01	铸铁阀门	个	500	500					
02	铸铜阀门	个	370	370					
合计									

会计联

部门经理：胡聚夏　　会计：林桂英　　仓库：刘啸　　经办人：谢江铭

(b)

图 3-140

产品成本计算单

产品：铸铁阀门　　2018年12月31日　　单位：元

项目	月初在产品成本	本月发生费用（除领用上步骤外）	本月耗用上步骤产品	生产费用合计	期末在产品约当产量	完工产品产量	单位成本	完工产品总成本	期末在产品成本
直接材料	87465.04								
直接人工	9737.78								
制造费用	2199.18								
合计	99402.00								

审核：邢伯文　　制单：林桂英

(a)

产品成本计算单

产品：铸铜阀门　　2018年12月31日　　单位：元

项目	月初在产品成本	本月发生费用（除领用上步骤外）	本月耗用上步骤产品	生产费用合计	期末在产品约当产量	完工产品产量	单位成本	完工产品总成本	期末在产品成本
直接材料	101850.32								
直接人工	15407.90								
制造费用	3477.28								
合计	120735.50								

审核：邢伯文　　制单：林桂英

(b)

图 3-141

产品成本汇总表

编制单位：内蒙古沃达阀门有限公司　　2018年12月31日　　单位：元

项目	铸铁阀门	铸铜阀门	合计
期初在产品成本			
本期生产费用			
本月耗用上步骤产品			
生产费用合计			
期末完工产品成本			
期末在产品成本			

审核：邢伯文　　制单：林桂英

图 3-142

【业务 74】

承前两题，31 日，结转本月完工产品成本。入库单 2 张、产品成本计算单 2 张、产品成本汇总表。

【注】成本会计业务。

【业务 75】

31 日，计算销售产品成本（单位成本保留两位小数，计算尾差计入期末存货成本）。出库单 3 张、销售成本计算表如图 3-143、图 3-144 所示。

【注】总账会计业务。

出　库　单

出货单位：内蒙古沃达阀门有限公司　　2018 年 12月 14日　　单号：cyut0167

提货单位或领货部门	广东粤华通用机械设备有限公司	销售单号	syu0054	发出仓库	成品库	出库日期	2018-12-14

编号	名称及规格	单位	数量 应发	数量 实发	单价	金额
01	铸铁阀门	个	150	150		
02	铸铜阀门	个	50	50		
合　计						

会计联

部门经理：刘管思　　会计：孙娟　　仓库：刘啸　　经办人：易边舒

(a)

出　库　单

出货单位：内蒙古沃达阀门有限公司　　2018 年 12月 20日　　单号：cyut0168

提货单位或领货部门	内蒙古环球阀门销售有限公司	销售单号	syu0055	发出仓库	成品库	出库日期	2018-12-20

编号	名称及规格	单位	数量 应发	数量 实发	单价	金额
01	铸铁阀门	个	350	350		
02	铸铜阀门	个	300	300		
合　计						

会计联

部门经理：刘管思　　会计：孙娟　　仓库：刘啸　　经办人：易边舒

(b)

出　库　单

出货单位：内蒙古沃达阀门有限公司　　2018 年 12月 24日　　单号：cyut0169

提货单位或领货部门	北京依尔阀门销售有限公司	销售单号	syu0056	发出仓库	成品库	出库日期	2018-12-24

编号	名称及规格	单位	数量 应发	数量 实发	单价	金额
01	铸铁阀门	个	400	400		
02	铸铜阀门	个	350	350		
合　计						

会计联

部门经理：刘管思　　会计：孙娟　　仓库：刘啸　　经办人：易边舒

(c)

图 3-143

销售成本计算表

编制单位：内蒙古沃达阀门有限公司　　2018年12月31日　　单位：元

产品	期初结存数量	本期完工产量	本期销售数量	期末结存数量	期初结存成本	完工产品成本	单位成本（加权）	销售产品成本	期末存货成本
铸铁阀门	130				70486.53				
铸铜阀门	190				140853.25				
合　计					211339.78				

审核：那伯文　　制单：孙娟

图 3-144

【业务 76】

31 日，结转新产品研发支出费用。

【注】总账会计业务。

【业务 77】

31 日，债务重组。债务重组协议、电子汇划收款回单、增值税专用发票、固定资产验收单如图 3-145 ～图 3-148 所示。

【注】总账会计业务。

债务重组协议

债权人（以下简称甲方）：内蒙古沃达阀门有限公司

债务人（以下简称乙方）：内蒙古沃茨阀门有限公司

鉴于：

1. 甲方系依据中国法律在中国境内设立并合法存续的独立法人，具有履行本协议的权利能力和行为能力，有权独立作出处置自有资产决定，包括处置自有债权债务的决定；

2. 乙方系依据中国法律在中国境内设立并合法存续的独立法人，具有履行本协议的权利能力和行为能力，有权独立作出处置自有资产决定，包括处置自有债权债务的决定；

3. 协议双方有意就其因长期业务往来形成债权债务关系，进行相应的调整以实现债务重组的目的。

有鉴于此，甲乙双方经友好协商达成如下债务重组协议，以兹共同遵守：

一、截至本协议签署之时，乙方尚欠甲方货款人民币叁拾壹万伍仟捌佰元整。

二、由于乙方生产经营遇到了前所未有的困难，资金匮乏，短期内无法偿付所欠甲方货款。双方经协商，进行债务重组。内蒙古沃达阀门有限公司同意

内蒙古沃茨阀门有限公司以其八成新高速热收缩膜包装机抵偿债务。该高速热收缩膜包装机的市场价格（不含税）为人民币壹拾伍万元整（￥150000.00）并以银行存款偿还部分债务人民币壹拾贰万元整，剩余债务给予减免。

……

十、协议生效及其他

（1）本协议自双方代表签字并加盖公章之日起生效。

（2）本协议如有未尽事宜，由协议各方协商后另行签署相关补充协议。

（3）本协议正本一式二份，协议各方均持一份，均有同等法律效力。

甲方（盖章）内蒙古沃达阀门有限公司　乙方（盖章）内蒙古沃茨阀门有限公司

法定代表人：谌沃达　达谌印沃　　法定代表人：孙柏签　签孙印柏

日　期：2018年12月31日　　日　期：2018年12月31日

图 3-145

交通银行电子汇划收款回单

2018 年12 月31 日　　　　流水号：033125879601235

付款人			收款人		
付款人	全　称	内蒙古沃茨阀门有限公司	收款人	全　称	内蒙古沃达阀门有限公司
	账　号	15000204902145398712O		账　号	150005713352473844316
	开户行	中国农业银行内蒙古呼和浩特回民支行		开户行	交通银行呼和浩特润宇支行
金额	（大写）人民币壹拾贰万元整			￥120000.00	
用途	货款				

备注：
汇划日期：2018年12月31日　　　　汇划流水号：033125879601235
汇出行行号：102100004986　　　　原凭证种类：0152
原凭证号码：　　　　原凭证金额：￥120000.00
汇款人地址：
收款人地址：
实际收款人账号：150005713352473844316
实际收款人名称：　内蒙古沃达阀门有限公司

交通银行 呼和浩特润宇支行 2018.12.31 转讫 （01）

银行盖章

图 3-146

1101121180　　　　内蒙古增值税专用发票　　　　№ 84718590　　1101121180　84718590

发票联

开票日期：2018年12月31日

购买方	名　　称：内蒙古沃达阀门有限公司 纳税人识别号：91150105573286085C 地 址、电 话：呼和浩特市新城区兴安北路365号 0471-5638889 开户行及账号：交通银行呼和浩特润宇支行 150005713352473844316	密码区	03*3187<4/+8490<+95-59+7<243 4987<0-->>-6>525<693719->7*7 87*3187<4/+8490<+95708681380 9<712/<1+9016>6906++>84>93/-

货物或应税劳务、服务名称	规格型号	单位	数量	单价	金额	税率	税额
高速热收缩膜包装机	BTH-450	台	1	150000.00	150000.00	16%	24000.00
合　　计					￥150000.00		￥24000.00
价税合计（大写）	⊗壹拾柒万肆仟元整				（小写）￥174000.00		

销售方	名　　称：内蒙古沃茨阀门有限公司 纳税人识别号：91150103MAOMXQNW63 地 址、电 话：内蒙古自治区呼和浩特市回民区中山西路98号 0471-8946999 开户行及账号：中国农业银行内蒙古呼和浩特回民支行 150002049021453987120	备注

收款人：　　　复核：　　　开票人：谭坚杰　　　销售方：（章）

内蒙古沃茨阀门有限公司 91150103MA0MXQNW63 发票专用章

税总函【XXXX】XXX号 XXXXXXXX公司

第三联：发票联　购买方记账凭证

图 3-147

固定资产验收单

2018年 12月 31日　　　　编号：60188

名 称	规格型号		来 源	数 量	购（造）价	使用年限	预计残值
高速热收缩膜包装机	BTH-450		债务重组	1	￥150000.00	10年	￥6000.00
安装费	月折旧率		建造单位		交工日期	附件	
	0.80%				2018年 12月 31日		
验收部门	董姣晗	验收人员	程甘念	管理部门	行政部	管理人员	林轻青
备注	内蒙古沃茨阀门有限公司以该高速热收缩膜包装机抵偿债务，采用年限平均法计提折旧。						

审核：方国英　　　　制单：熊比俩

图 3-148

【业务 78】

31 日，原材料盘点损失。存货盘点报告表如图 3-149 所示。

【注】总账会计业务。

存货盘点报告表

2018年12月31日

企业名称：内蒙古沃达阀门有限公司

存货类别	存货名称	计量单位	单价	数量		盘余		亏短		盘亏原因
				账存	实存	数量	金额	数量	金额	
原材料	阀杆	件	2.00	1405	1345			60	120.00	

审核人：　　监盘人：孙娟　　盘点人：刘啸

图 3-149

【业务 79】

31 日，原材料盘亏批准处理。盘盈盘亏处理报告如图 3-150 所示。

【注】总账会计业务。提示：计算进项税额转出时按 16% 税率计算。

盘盈盘亏处理报告

公司于2018年12月31日对原材料进行盘点清查，发现原材料--阀杆少60件，系仓库管理人员刘啸管理不善造成丢失。除中国太平洋财产保险股份有限公司内蒙古分公司核定赔偿50%外，剩余50%由责任人刘啸承担。

内蒙古沃达阀门有限公司财务部

2018年12月31日

（印章：内蒙古沃达阀门有限公司 财务专用章）

图 3-150

【业务 80】

31 日，计提坏账准备。坏账损失计算表如图 3-151 所示。

【注】总账会计业务。

坏账损失计算表
2018年12月31日

公司名称	应收账款	账龄	比例	估计坏账损失	坏账准备期初账户余额（贷方）	本期应计提额
北京沃圣阀门销售有限公司	1,232,000.00	逾期1-90天	2%			
广东粤华通用机械设备有限公司	316,000.00	逾期91-270天	4%			
内蒙古盛元阀门销售有限公司	132,000.00	逾期271-360天	6%			
北京依尔阀门销售有限公司	85,000.00	逾期361-540天	10%			
合计	1,765,000.00				25,176.00	

审核：邢伯文　　　　制单：孙娟

图 3-151

【业务 81】

31 日，计算并结转本月未交增值税。未交增值税计算表如图 3-152 所示。

【注】总账会计业务。

未交增值税计算表
2018年12月31日

项目	销项税额	进项税额	进项税额转出	本月未交增值税
增值税				
合计				

审核：邢伯文　　　　制单：孙娟

图 3-152

【业务 82】

31 日，结转转让金融商品应交增值税。

【注】总账会计业务。

【业务 83】

31 日，计提城市维护建设税及教育费附加等。应交城市维护建设税与教育费附加计算表如图 3-153 所示。

【注】总账会计业务。

应交城市维护建设税与教育费附加计算表

2018年12月31日　　　　金额单位：元

税种	计税依据	计税金额	税率	应纳税额
城建税	增值税		7%	
	小 计			
教育费附加	增值税		3%	
	小 计			
地方教育附加	增值税		2%	
	小 计			

审核：邢伯文　　　　制单：孙娟

图 3-153

【业务 84】

31 日，计提本年度房产税、车船使用税及土地使用税。企业车辆情况表、企业房产相关信息、应交财产税计算表如图 3-154 ～图 3-156 所示。

【注】总账会计业务。

企业车辆情况表

编制单位：内蒙古沃达阀门有限公司　　2018年12月31日　　单位：元

税目	计量单位	单位税额	数量
乘用车[1.0升以上至1.6升（含）]	辆	420.00	1
商用车（货车）	整备质量每吨	96.00	3

审核：邢伯文　　制单：孙娟

图 3-154

企业房产相关信息

公司年初拥有房产原值5160000.00元，房屋建筑面积1500平方米，本年1-11月无增减变动，房产余值扣除比例为30%；地产原值总计为3150000.00元，地价1500元/平方米，公司土地使用面积2100平方米，土地使用税12元/平方米。

图 3-155

应交财产税计算表

编制单位：内蒙古沃达阀门有限公司　　2018年12月31日　　金额单位：元

税种	应纳税额计算								
房产税	征收方式	从价计征				从租计征			应纳房产税税额合计
	项目	房产原值	房产余值	税率	应纳税额	租金收入	税率	应纳税额	
	金额								
车船税	税目		计税单位		单位税额	数量	税额		应纳车船税税额合计
	乘用车	1.0升以上至1.6升（含）	辆						
	商用车	货车	整备质量每吨						
土地使用税	应税面积（平方米）				税率（元/平方米）				应纳土地使用税税额
应交财产税总额									

审核：邢伯文　　制单：孙娟

图 3-156

【业务 85】

31 日，支付顾问费。财务顾问合同、增值税普通发票 5 张、电子汇划付款回单 5 张如图 3-157 ～图 3-159 所示。

【注】总账会计业务。

财务顾问合同

甲方（聘请方）：内蒙古沃达阀门有限公司

法定代表人：谌沃达

乙方（受聘方）：李华、郑晓君、秦海明、叶小东、张丽华

甲方因发展需要，根据《合同法》相关规定，聘请乙方为财务顾问，经双方协商订立本合同，共同遵守履行：

一、合同期限：
本合同有效期一年，自2018年07月01日起至2019年6月30日止。

二、顾问费用及付款方式：
1. 甲方每月向乙方（李华）支付顾问费7000.00元，向乙方（郑晓君）支付顾问费7800.00元，向乙方（秦海明）支付顾问费8000.00元，向乙方（叶小东）支付顾问费8200.00元，向乙方（张丽华）支付顾问费7600.00元。顾问费按月支付，乙方自行承担相关税费，并到税务局代开发票交予甲方，甲方收到乙方的发票后付清所有款项。

2. 付款方式：转账。（李华：开户行：中国农业银行呼和浩特赛罕支行，账号：6222633908133886367；郑晓君：开户行：中国工商银行呼和浩特赛罕支行，账号：6222122815345111286；秦海明：开户行：中国银行呼和浩特新城支行，账号：6228364273222192646；叶小东：开户行：中国工商银行呼和浩特新城支行，账号：6222374631651536588；张丽华：开户行：中国农业银行呼和浩特回民支行，账号：6222199519533256269）

三、顾问职责：
1. 为甲方制定企业内部财务管理制度；
2. 为甲方设计企业财务组织体系；
3. 对甲方的记账、报账、纳税申报等工作给予指导；
4. 对甲方业务核算进行合理税务筹划，降低税费成本；
5. 协助甲方完成财务管理中的成本分析、年度资本运营和经营管理等指标的管控；
6. 为甲方提供投资理财方案策划、项目评价及财务管理可行性建议。

四、权利和义务：
1. 甲方有权要求乙方履行其职责范围内的事务，并提出合理化的建议和意见；
2. 甲方有权要求乙方保守在顾问工作中了解到的甲方的商业机密和有关情况；
3. 甲方除按本合同约定每月支付乙方劳动报酬外，有权不提供此合同之外的一切费用；
4. 甲方向乙方提供有关财务顾问所需的基本资料和相关信息等，并确保真实、准确、完整；
5. 乙方应积极协助甲方开展工作，认真履行其顾问职责的义务；
6. 乙方具有定期或不定期向甲方汇报工作情况的义务；
7. 乙方有权按此合同获取劳动报酬。

....

七、其他：
1. 双方为本合同未尽事宜另行协商所产生之合约，为本合同不可分割之组成部分，因履行本合同而发生争议，双方协商解决，协商不成，任何乙方可向甲方所在地的法院起诉；
2. 本合同经双方签章之日起生效，共一式柒份，双方各一份。

甲方：内蒙古沃达阀门有限公司　　乙方：

法人代表：谌沃达　　达谌印沃　　李华　秦海明　张丽华　郑晓君　叶小东

日期：2018年07月01日　　日期：2018年07月01日

图 3-157

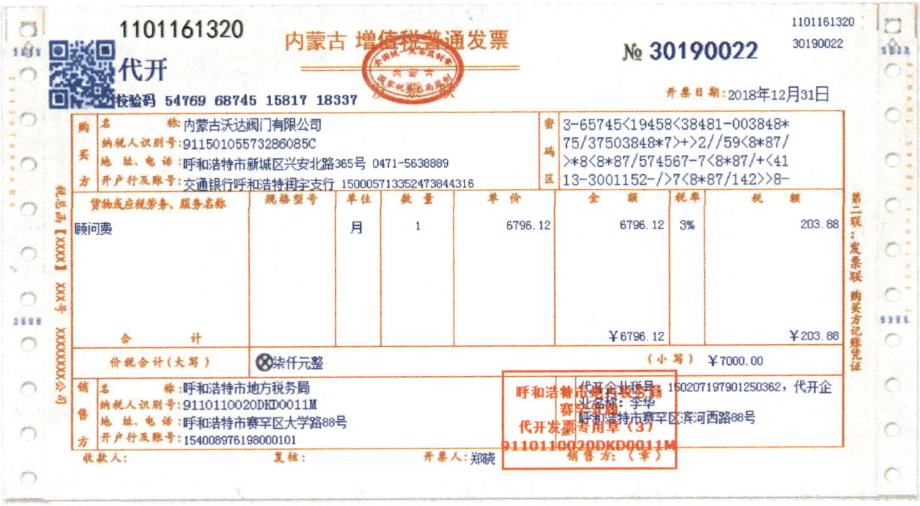

1101161320
代开
内蒙古 增值税普通发票
发票联
№ 30190022
1101161320
30190022
校验码 54769 68745 15817 18337
开票日期：2018年12月31日

购买方 名称：内蒙古沃达阀门有限公司
纳税人识别号：91150105573286085C
地址、电话：呼和浩特市新城区兴安北路365号 0471-5638889
开户行及账号：交通银行呼和浩特润宇支行 150005713352473844316
密码区 3-65745<19458<38481-003848*
75/37503848*7>+>2//59<8*87/
>*8<8*87/574567-7<8*87/+<41
13-3001152-/>7<8*87/142>>8-

货物或应税劳务、服务名称	规格型号	单位	数量	单价	金额	税率	税额
顾问费		月	1	6796.12	6796.12	3%	203.88
合计					¥6796.12		¥203.88
价税合计（大写）	⊗柒仟元整				（小写）¥7000.00		

销售方 名称：呼和浩特市地方税务局
纳税人识别号：9110110020DKD0011M
地址、电话：呼和浩特市赛罕区大学路88号
开户行及账号：154008976198000101
备注 代开企业税号：150207197901250362，代开企业名称：李华 呼和浩特市赛罕区滨河西路88号
收款人： 复核： 开票人：郑晓 销售方：（章）

(a)

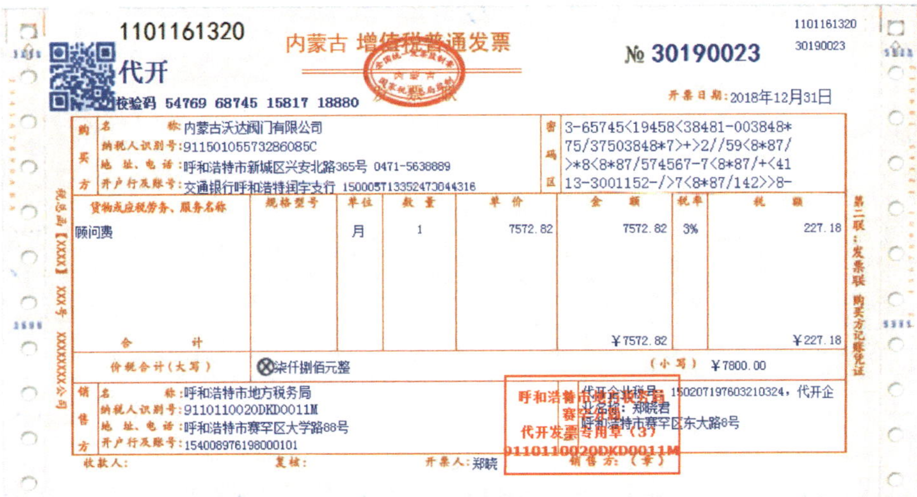

1101161320
代开
内蒙古 增值税普通发票
发票联
№ 30190023
1101161320
30190023
校验码 54769 68745 15817 18880
开票日期：2018年12月31日

购买方 名称：内蒙古沃达阀门有限公司
纳税人识别号：91150105573286085C
地址、电话：呼和浩特市新城区兴安北路365号 0471-5638889
开户行及账号：交通银行呼和浩特润宇支行 150005713352473844316
密码区 3-65745<19458<38481-003848*
75/37503848*7>+>2//59<8*87/
>*8<8*87/574567-7<8*87/+<41
13-3001152-/>7<8*87/142>>8-

货物或应税劳务、服务名称	规格型号	单位	数量	单价	金额	税率	税额
顾问费		月	1	7572.82	7572.82	3%	227.18
合计					¥7572.82		¥227.18
价税合计（大写）	⊗柒仟捌佰元整				（小写）¥7800.00		

销售方 名称：呼和浩特市地方税务局
纳税人识别号：9110110020DKD0011M
地址、电话：呼和浩特市赛罕区大学路88号
开户行及账号：154008976198000101
备注 代开企业税号：150207197603210324，代开企业名称：郑晓君 呼和浩特市赛罕区东大路8号
收款人： 复核： 开票人：郑晓 销售方：（章）

(b)

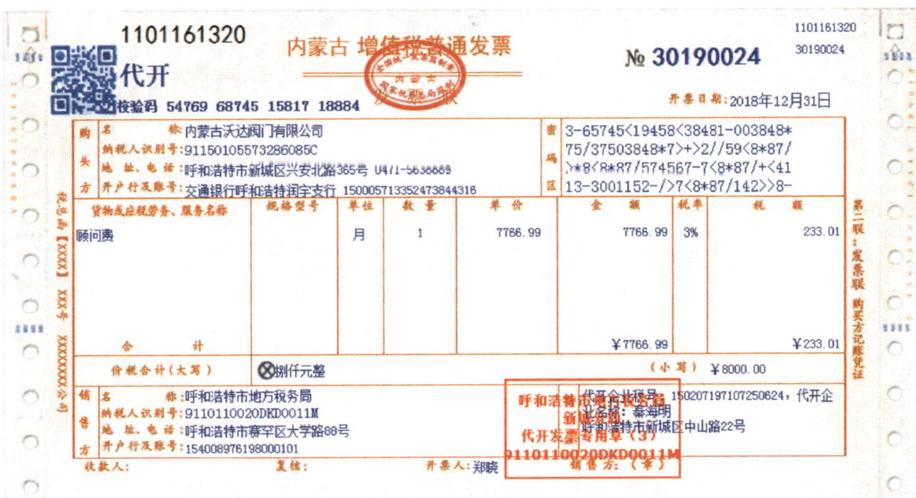

1101161320
代开
内蒙古 增值税普通发票
发票联
№ 30190024
1101161320
30190024
校验码 54769 68745 15817 18884
开票日期：2018年12月31日

购买方 名称：内蒙古沃达阀门有限公司
纳税人识别号：91150105573286085C
地址、电话：呼和浩特市新城区兴安北路365号 0471-5638889
开户行及账号：交通银行呼和浩特润宇支行 150005713352473844316
密码区 3-65745<19458<38481-003848*
75/37503848*7>+>2//59<8*87/
>*8<8*87/574567-7<8*87/+<41
13-3001152-/>7<8*87/142>>8-

货物或应税劳务、服务名称	规格型号	单位	数量	单价	金额	税率	税额
顾问费		月	1	7766.99	7766.99	3%	233.01
合计					¥7766.99		¥233.01
价税合计（大写）	⊗捌仟元整				（小写）¥8000.00		

销售方 名称：呼和浩特市地方税务局
纳税人识别号：9110110020DKD0011M
地址、电话：呼和浩特市赛罕区大学路88号
开户行及账号：154008976198000101
备注 代开企业税号：150207197107250624，代开企业名称：秦海明 呼和浩特市新城区中山路22号
收款人： 复核： 开票人：郑晓 销售方：（章）

(c)

图 3-158

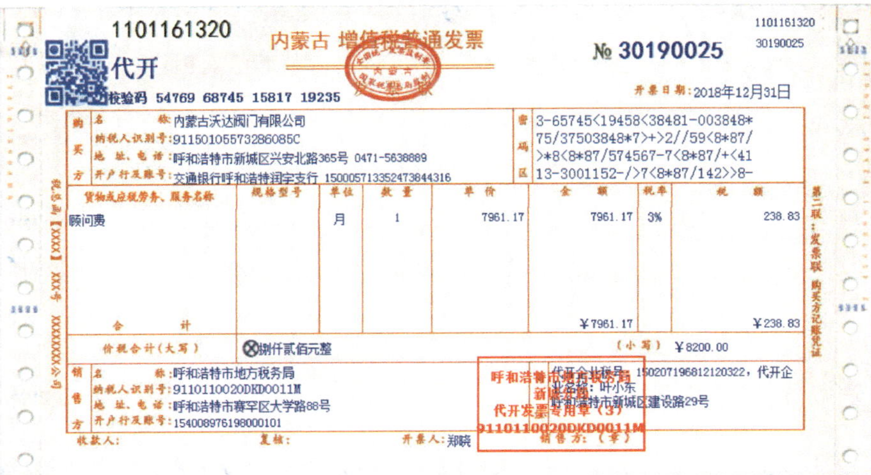

1101161320　内蒙古 增值税普通发票　№ 30190025　1101161320 30190025

代开

校验码 54769 68745 15817 19235　开票日期：2018年12月31日

购买方	名　　称：内蒙古沃达阀门有限公司 纳税人识别号：91150105573286085C 地 址、电 话：呼和浩特市新城区兴安北路365号 0471-5638889 开户行及账号：交通银行呼和浩特润宇支行 150005713352473844316			密码区	3-65745<19458<38481-003848* 75/37503848*7>+>2//59<8*87/ >*8<8*87/574567-7<8*87/+<41 13-3001152-/>7<8*87/142>>8-		
货物或应税劳务、服务名称	规格型号	单位	数量	单价	金额	税率	税额
顾问费		月	1	7961.17	7961.17	3%	238.83
合　计					¥7961.17		¥238.83
价税合计（大写）	⊗捌仟贰佰元整				（小写）¥8200.00		
销售方	名　　称：呼和浩特市地方税务局 纳税人识别号：9110110020DKD0011M 地 址、电 话：呼和浩特市赛罕区大学路88号 开户行及账号：154008976198000101			备注	代开企业税号：150207196812120322，代开企业名称：叶小东 呼和浩特市新城区建设路29号		

收款人：　复核：　开票人：郑晓　销售方：（章）

第二联：发票联　购买方记账凭证

(d)

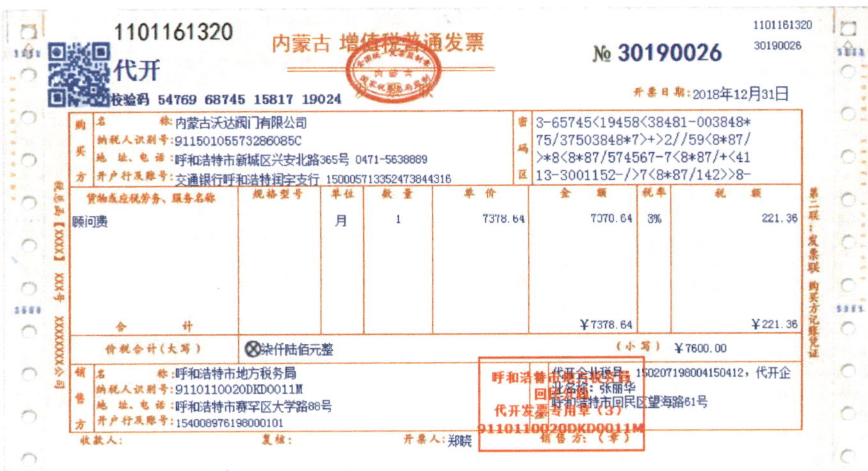

1101161320　内蒙古 增值税普通发票　№ 30190026　1101161320 30190026

代开

校验码 54769 68745 15817 19024　开票日期：2018年12月31日

购买方	名　　称：内蒙古沃达阀门有限公司 纳税人识别号：91150105573286085C 地 址、电 话：呼和浩特市新城区兴安北路365号 0471-5638889 开户行及账号：交通银行呼和浩特润宇支行 150005713352473844316			密码区	3-65745<19458<38481-003848* 75/37503848*7>+>2//59<8*87/ >*8<8*87/574567-7<8*87/+<41 13-3001152-/>7<8*87/142>>8-		
货物或应税劳务、服务名称	规格型号	单位	数量	单价	金额	税率	税额
顾问费		月	1	7378.64	7378.64	3%	221.36
合　计					¥7378.64		¥221.36
价税合计（大写）	⊗柒仟陆佰元整				（小写）¥7600.00		
销售方	名　　称：呼和浩特市地方税务局 纳税人识别号：9110110020DKD0011M 地 址、电 话：呼和浩特市赛罕区大学路88号 开户行及账号：154008976198000101			备注	代开企业税号：150207198004150412，代开企业名称：张丽华 呼和浩特市回民区望海路61号		

收款人：　复核：　开票人：郑晓　销售方：（章）

第二联：发票联　购买方记账凭证

(e)

图 3-158

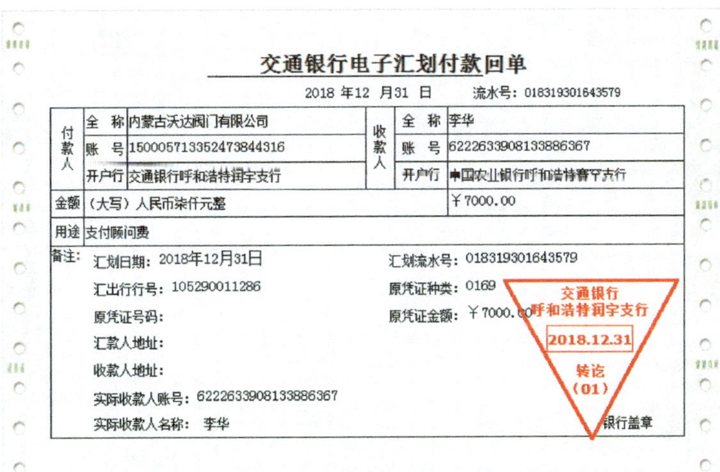

交通银行电子汇划付款回单

2018 年12 月31 日　流水号：018319301643579

付款人	全　称	内蒙古沃达阀门有限公司	收款人	全　称	李华
	账　号	150005713352473844316		账　号	6222633908133886367
	开户行	交通银行呼和浩特润宇支行		开户行	中国农业银行呼和浩特赛罕支行
金额	（大写）人民币柒仟元整			¥7000.00	
用途	支付顾问费				

备注：汇划日期：2018年12月31日　汇划流水号：018319301643579

汇出行行号：105290011286　原凭证种类：0169

原凭证号码：　原凭证金额：¥7000.00

汇款人地址：

收款人地址：

实际收款人账号：6222633908133886367

实际收款人名称：李华

银行盖章

(a)

图 3-159

交通银行电子汇划付款回单

2018 年12 月31 日　　流水号：018319301643558

付款人	全　称	内蒙古沃达阀门有限公司	收款人	全　称	郑晓君
	账　号	150005713352473844316		账　号	6222122815345111286
	开户行	交通银行呼和浩特润宇支行		开户行	中国工商银行呼和浩特赛罕支行
金额	（大写）人民币柒仟捌佰元整				￥7800.00
用途	支付顾问费				

备注：
汇划日期：2018年12月31日　　汇划流水号：018319301643558
汇出行行号：105290011286　　原凭证种类：0169
原凭证号码：　　原凭证金额：￥7800.00
汇款人地址：
收款人地址：
实际收款人账号：6222122815345111286
实际收款人名称：郑晓君

交通银行呼和浩特润宇支行 2018.12.31 转讫（01）

银行盖章

(b)

交通银行电子汇划付款回单

2018 年12 月31 日　　流水号：018319301661280

付款人	全　称	内蒙古沃达阀门有限公司	收款人	全　称	秦海明
	账　号	150005713352473844316		账　号	6228364273222192646
	开户行	交通银行呼和浩特润宇支行		开户行	中国银行呼和浩特新城支行
金额	（大写）人民币捌仟元整				￥8000.00
用途	支付顾问费				

备注：
汇划日期：2018年12月31日　　汇划流水号：018319301661280
汇出行行号：105290011286　　原凭证种类：0169
原凭证号码：　　原凭证金额：￥8000.00
汇款人地址：
收款人地址：
实际收款人账号：6228364273222192646
实际收款人名称：秦海明

交通银行呼和浩特润宇支行 2018.12.31 转讫（01）

银行盖章

(c)

交通银行电子汇划付款回单

2018 年12 月31 日　　流水号：018319301671206

付款人	全　称	内蒙古沃达阀门有限公司	收款人	全　称	叶小东
	账　号	150005713352473844316		账　号	6222374631651536588
	开户行	交通银行呼和浩特润宇支行		开户行	中国工商银行呼和浩特新城支行
金额	（大写）人民币捌仟贰佰元整				￥8200.00
用途	支付顾问费				

备注：
汇划日期：2018年12月31日　　汇划流水号：018319301671206
汇出行行号：105290011286　　原凭证种类：0169
原凭证号码：　　原凭证金额：￥8200.00
汇款人地址：
收款人地址：
实际收款人账号：6222374631651536588
实际收款人名称：叶小东

交通银行呼和浩特润宇支行 2018.12.31 转讫（01）

银行盖章

(d)

图 3-159

交通银行电子汇划付款回单

2018 年12 月31 日 流水号：018319301181280

付款人	全 称	内蒙古沃达阀门有限公司	收款人	全 称	张丽华
	账 号	150005713352473844316		账 号	6222199519533256269
	开户行	交通银行呼和浩特润宇支行		开户行	中国农业银行呼和浩特回民支行
金额	（大写）人民币柒仟陆佰元整			￥7600.00	
用途	支付顾问费				

备注：
汇划日期：2018年12月31日　　汇划流水号：018319301181280
汇出行行号：105290011286　　原凭证种类：0169
原凭证号码：　　原凭证金额：￥7600.00
汇款人地址：
收款人地址：
实际收款人账号：6222199519533256269
实际收款人名称：张丽华
交通银行呼和浩特润宇支行 2018.12.31 转讫（01）
银行盖章

(e)

图 3-159

【业务 86】

31 日，结转损益类（收入利得）账户（注：只要求按照总账科目结转，投资收益不以负数记账）。

【注】总账会计业务。

【业务 87】

31 日，结转损益类（费用损失）账户（注：只要求按照总账科目结转，财务费用按净额结转）。

【注】总账会计业务。

【业务 88】

31 日，预缴第四季度所得税（电子缴税付款凭证——所得税）。银行电子缴税付款凭证如图 3-160 所示。

【注】总账会计业务。

交通银行（呼和浩特润宇支行）分行电子缴税付款凭证
BANK OF COMMUNICATIONS

转帐日期：2018年 12月 31日　　凭证字号：60118994

纳税人全称及纳税人识别号：内蒙古沃达阀门有限公司 91150105573286085C

付款人全称：内蒙古沃达阀门有限公司
付款人账号：150005713352473844316　　征收机关名称：呼和浩特市新城区国家税务局
付款人开户银行：交通银行呼和浩特润宇支行　　收款国库（银行）名称：国家金库呼和浩特市新城支库
小写（合计）金额：￥207000.00　　缴款书交易流水号：1031578902145138
大写（合计）金额：人民币贰拾万零柒仟元整　　税票号码：52047825

税（费）种名称	所属日期	实缴金额
企业所得税	20181001-20181231	207000.00

交通银行呼和浩特润宇支行 2018.12.31 业务专用章（01）

打印时间：2018年12月31日

会计流水号：301459875301254　　复核：　　记账：

第二联 作付款回单（无银行收讫章无效）

A-026 2000-2 2006 苏州市印刷厂

图 3-160

【业务 89】

31 日，计提本年度所得税费用和应交所得税（所得税相关事项）。

【注】总账会计业务。

所得税相关事项

除下列说明及 12 月份业务外，本年无其他所得税纳税调整事项：

1. 本年度 1—11 月份业务招待费支出为 383616.00 元；

2. 本年度 1—11 月份广告费及业务宣传费支出 180000.00 元；

3. 本年度 1—11 月份所发生的营业外支出均可税前扣除；

4. 本年度 1—11 月份营业收入总额为 22433826.56 元，本年度 1—11 月份利润总额为 7110254.10 元；

5. 本年度截至 2018 年 11 月 30 日，资产负债表上应收账款余额为 3713900.00 元（资金产负债表上的往来重分类科目 11 月和 12 月保持一致）。

应交所得税计算表如图 3-161 所示。

应交所得税计算表

2018年度

<table>
<tr><th rowspan="2">项目</th><th rowspan="2">账面价值</th><th rowspan="2">计税基础</th><th colspan="2">可抵扣暂时性差异</th><th colspan="2">应纳税暂时性差异</th><th rowspan="2">纳税调整增减额</th></tr>
<tr><th>期初余额</th><th>期末余额</th><th>期初余额</th><th>期末余额</th></tr>
<tr><td>业务招待费</td><td></td><td></td><td></td><td></td><td></td><td></td><td></td></tr>
<tr><td>技术开发费</td><td></td><td></td><td></td><td></td><td></td><td></td><td></td></tr>
<tr><td>营业外支出</td><td></td><td></td><td></td><td></td><td></td><td></td><td></td></tr>
<tr><td>投资性房地产</td><td></td><td></td><td></td><td></td><td></td><td></td><td></td></tr>
<tr><td>应收账款</td><td></td><td></td><td>25,176.00</td><td></td><td></td><td></td><td></td></tr>
<tr><td>交易性金融资产</td><td></td><td></td><td></td><td></td><td></td><td></td><td></td></tr>
<tr><td>合计</td><td></td><td></td><td></td><td></td><td></td><td></td><td></td></tr>
</table>

<table>
<tr><th rowspan="2">年度利润总额</th><th rowspan="2">应纳税所得额</th><th rowspan="2">应交所得税</th><th colspan="3">递延所得税资产</th><th colspan="3">递延所得税负债</th></tr>
<tr><th>期初数</th><th>期末数</th><th>本期数</th><th>期初数</th><th>期末数</th><th>本期数</th></tr>
<tr><td></td><td></td><td></td><td>6,294.00</td><td></td><td></td><td></td><td></td><td></td></tr>
<tr><td colspan="2">其他综合收益</td><td colspan="2"></td><td colspan="2">所得税费用</td><td colspan="3"></td></tr>
</table>

图 3-161

【业务 90】

31 日，结转本年度所得税费用。

【注】总账会计业务。

【业务 91】

31 日，结转本年利润。

【注】总账会计业务。

【业务 92】

31 日，计提法定盈余公积。盈余公积计算表如图 3-162 所示。

【注】总账会计业务。

盈余公积计算表

2018年12月31日　　　　　　　　单位：元

项目	金额
计提基数	
提取法定盈余公积(10%)	

图 3-162

【业务 93】

31 日，结转利润分配明细账户余额。

【注】总账会计业务。

任务二　编制科目汇总表

编制科目汇总表如表 3-1 所示。

表 3-1　科目汇总表

年　　月　日至　　月　日

编号：	附件共　　　　张
凭证号数	第　号至　号　　共　张
	第　号至　号　　共　张
	第　号至　号　　共　张

会计科目	总页	借方金额	贷方金额	会计科目	总页	借方金额	贷方金额
库存现金				其他综合收益			
银行存款				短期借款			
其他货币资金				应付账款			
交易性金融资产				应付职工薪酬			
应收票据				应交税费			
应收账款				递延所得税负债			
其他应收款				盈余公积			
坏账准备				本年利润			
原材料				利润分配			
库存商品				生产成本			
周转材料				制造费用			
投资性房地产				主营业务收入			
固定资产				公允价值变动损益			
累计折旧				投资收益			

续表

会计科目	总页	借方金额	贷方金额	会计科目	总页	借方金额	贷方金额
在建工程				主营业务成本			
固定资产清理				税金及附加			
研发支出				销售费用			
累计摊销				管理费用			
递延所得税资产				财务费用			
待处理财产损溢				资产减值损失			
实收资本				营业外支出			
资本公积				所得税费用			
合计		—	—	合计			

财务主管　　　　　　　　记账　　　　　　　　复核　　　　　　　　制表

【注】会计主管业务。

任务三　登记账簿

出纳岗负责登记现金日记账和银行存款日记账，成本会计岗负责登记“生产成本”明细账和“制造费用”明细账，总账会计岗负责登记除出纳岗和成本会计岗以外的所有账户的明细账。会计主管负责登记所有账户的总账。

登账规范参阅“项目二　建立企业账簿与会计工作规范”相关内容，各岗位严格按照登记账簿规范登记账簿。科目汇总表每月汇总一次。

【注】库存现金和银行存款累计发生额如表 3-2 所示。本次综合实训出纳岗在登记现金日记账和银行存款日记账时均需给出“本日合计”。

表 3-2　库存现金和银行存款日记账

总账科目	二级科目	借方累计发生额	贷方累计发生额
库存现金		242000.00	243709.50
银行存款			
	交通银行呼和浩特润宇支行	70106492.63	67949081.15
	交通银行呼和浩特金桥支行	136.15	1100.00

固定资产（累计折旧）明细账和无形资产（累计摊销）明细账登账说明：

（1）固定资产（累计折旧）明细账采用三栏式明细账，所有固定资产及相应计提的累计折旧均登记在一个三栏式账页。

（2）无形资产（累计摊销）明细账采用三栏式明细账，所有无形资产及相应计提的累计摊销均登记在一个三栏式账页。

项目四

财务报表编制与指标分析

任务一　编制财务报表

一、编制企业2018年12月31日资产负债表（表4-1）

表4-1　资产负债表

会企01表

编制单位：　　　　　　　　　　　年　　月　　日　　　　　　　　　　　单位：元

资　　产	行次	期末余额	年初余额	负债和所有者权益（或股东权益）	行次	期末余额	年初余额
流动资产：				流动负债：			
货币资金				短期借款			
以公允价值计量且其变动计入当期损益的金融资产				以公允价值计量且其变动计入当期损益的金融负债			
衍生金融资产				衍生金融负债			
应收票据				应付票据			
应收账款				应付账款			
预付款项				预收款项			
应收利息				应付职工薪酬			
应收股利				应交税费			
其他应收款				应付利息			
存货				应付股利			
持有待售资产				其他应付款			
一年内到期的非流动资产				持有待售负债			
其他流动资产				一年内到期的非流动负债			
流动资产合计				其他流动负债			
非流动资产：				流动负债合计			
可供出售金融资产				非流动负债：			
持有至到期投资				长期借款			
长期应收款				应付债券			

续表

资　产	行次	期末余额	年初余额	负债和所有者权益（或股东权益）	行次	期末余额	年初余额
长期股权投资				其中：优先股			
投资性房地产				永续股			
固定资产				长期应付款			
在建工程				专项应付款			
工程物资				预计负债			
固定资产清理				递延收益			
生产性生物资产				递延所得税负债			
油气资产				其他非流动负债			
无形资产				非流动负债合计			
开发支出				负债合计			
商誉				所有者权益（或股东权益）：			
长期待摊费用				实收资本（或股本）			
递延所得税资产				其他权益工具			
其他非流动资产				其中：优先股			
非流动资产合计				永续股			
				资本公积			
				减：库存股			
				其他综合收益			
				盈余公积			
				未分配利润			
				所有者权益（或股东权益）合计			
资产合计				负债和所有者权益（或股东权益）合计			

单位负责人：　　　　会计主管：　　　　复核：　　　　制表：

【注】会计主管业务。

二、编制企业2018年12月利润表（表4-2）

表4-2 利润表

会企02表

编制单位： 年 月 单位：

项 目	行次	本期金额	上期金额
一、营业收入			略
减：营业成本			
税金及附加			
销售费用			
管理费用			
财务费用			
资产减值损失			
加：公允价值变动收益（损失以“–”填列）			
投资收益（损失以“–”填列）			
其中：对联营企业和合营企业的投资收益			
资产处置收益（损失以“–”填列）			
其他收益			
二、营业利润（亏损以“–”填列）			
加：营业外收入			
其中：非流动资产处置利得			
减：营业外支出			
其中：非流动资产处置损失			
三、利润总额（亏损总额以“–”号填列）			
减：所得税费用			
四、净利润（净亏损以“–”号填列）			
（一）持续经营净利润（净亏损以“–”号填列）			
（二）终止经营净利润（净亏损以“–”号填列）			
五、其他综合收益的税后净额			
（一）以后不能重分类进损益的其他综合收益			
1. 重新计量设定受益计划净负债或净资产的变动			
2. 权益法下在被投资单位不能重分类进损益的其他综合收益中享有的份额			
…			
（二）以后将重分类进损益的其他综合收益			
1. 权益法下在被投资单位以后将重分类进损益的其他综合收益中享有的份额			
2. 可供出售金融资产公允价值变动损益			
3. 持有至到期投资重分类为可供出售金融资产损益			
4. 现金流经套期损益的有效部分			
5. 外币财务报表折算差额			
6. 将作为存货的房地产转换为投资性房地产产生的公允价值大于账面价值的部分			
……			
六、综合收益总额			
七、每股收益			
（一）基本每股收益			
（二）稀释每股收益			

单位负责人： 会计主管： 复核： 制表：

【注】会计主管业务。

三、编制企业2018年12月现金流量表（表4-3）

表4-3　现金流量表　　　　会企03表

编制单位：　　　　　　　年　　月　　　　　　　单位：

项　　目	注释	本期金额	上期金额
一、经营活动产生的现金流量			
销售商品、提供劳务收到的现金	1		
收到的税费返还	2		
收到其他与经营活动有关的现金	3		
经营活动现金流入小计	4		
购买商品、接受劳务支付的现金	5		
支付给职工以及为职工支付的现金	6		
支付的各项税费	7		
支付其他与经营活动有关的现金	8		
经营活动现金流出小计	9		
经营活动产生的现金流量净额	10		
二、投资活动产生的现金流量			
收回投资收到的现金	11		
取得投资收益收到的现金	12		
处置固定资产、无形资产和其他长期资产收回的现金净额	13		
处置子公司及其他营业单位收到的现金净额	14		
收到其他与投资活动有关的现金	15		
投资活动现金流入小计	16		
购建固定资产、无形资产和其他长期资产支付的现金	17		
投资支付的现金	18		
取得子公司及其他营业单位支付的现金净额	19		
支付其他与投资活动有关的现金	20		
投资活动现金流出小计	21		
投资活动产生的现金流量净额	22		
三、筹资活动产生的现金流量			
吸收投资收到的现金	23		
取得借款收到的现金	24		
收到其他与筹资活动有关的现金	25		
筹资活动现金流入小计	26		
偿还债务支付的现金	27		
分配股利、利润或偿付利息支付的现金	28		
支付其他与筹资活动有关的现金	29		
筹资活动现金流出小计	30		
筹资活动产生的现金流量净额	31		
四、汇率变动对现金及现金等物价的影响	32		
五、现金及现金等价物净增加额	33		
加：期初现金及现金等价物余额	34		
六、期末现金及现金等价物余额	35		

单位负责人：　　　　会计主管：　　　　复核：　　　　制表：

【注】会计主管业务。

任务二 主要财务指标分析

表 4-4 主要财务指标分析

分析内容	具体指标	计算公式	指标计算规范	指标计算结果	指标分析
偿债能力指标分析	（1）流动比率	流动资产 / 流动负债	用期末数计算		
	（2）资产负债率	负债总额 / 资产总额 ×100%	用期末数计算		
	（3）产权比率	负债总额 / 所有者权益总额	用期末数计算		
	（4）权益乘数	总资产 / 股东权益	用期末数计算		
营运能力指标分析	（1）存货周转率（周转次数）	营业成本 / 平均存货余额	平均存货余额 =（存货余额期初数 + 存货余额期末数）÷2		
	（2）应收账款周转率（周转次数）	营业收入 / 平均应收账款余额	平均应收账款余额 =（应收账款余额期初数 + 应收账款余额期末数）÷2		
	（3）营运资本周转率（周转次数）	营业收入 / 营运资本	（1）营运资本 = 流动资产 − 流动负债 （2）流动资产和流动负债均按期初、期末平均值计算		
	（4）总资产周转率	营业收入 / 平均总资产	总资产为资产负债表中的期初、期末总资产的平均数		
盈利能力指标分析	（1）营业净利率	（净利润 / 营业收入）×100%	—		
	（2）总资产净利率	（净利润 / 总资产）×100%	净利润为利润表当期净利润，总资产为资产负债表期初、期末总资产的平均数		
	（3）权益净利率	（净利润 / 平均股东权益）×100%	净利润为利润表当期净利润，股东权益为资产负债表期初、期末股东权益的平均值		

【注】会计主管业务。

项目五

企业税费计算与申报

任务一 增值税计算与申报

申报2018年12月份增值税（本期收到的增值税专用发票已全部认证）。一般纳税人的增值税纳税申报表如表5-1所示。

表5-1 增值税纳税申报表（适用于增值税一般纳税人）

纳税人识别号： 纳税人名称：

所属时期： 至 填表日期： 金额单位：元（列至角分）

项目		栏次	一般项目		即征即退项目	
			本月数	本年累计	本月数	本年累计
销售额	（一）按适用税率计税销售额	1				
	其中：应税货物销售额	2				
	应税劳务销售额	3				
	纳税检查调整的销售额	4				
	（二）按简易办法计税销售额	5				
	其中：纳税检查调整的销售额	6				
	（三）免、抵、退办法出口销售额	7			—	—
	（四）免税销售额	8			—	—
	其中：免税货物销售额	9			—	—
	免税劳务销售额	10			—	—
税款计算	销项税额	11				
	进项税额	12				
	上期留抵税额	13				—
	进项税额转出	14				
	免、抵、退应退税额	15			—	—
	按适用税率计算的纳税检查应补缴税额	16			—	—
	应抵扣税额合计	17=12+13−14−15+16		—		—
	实际抵扣税额	18（如17＜11，则为17，否则为11）				
	应纳税额	19=11−18				
	期末留抵税额	20=17−18				—
	简易计税办法计算的应纳税额	21				
	按简易计税办法计算的纳税检查应补缴税额	22			—	—
	应纳税额减征额	23				
	应纳税额合计	24=19+21−23				

续表

项目		栏次	一般项目		即征即退项目	
税款缴纳	期初未缴税额（多缴为负数）	25				
	实收出口开具专用缴款书退税额	26			—	—
	本期已缴税额	27=28+29+30+31				
	①分次预缴税额	28		—		—
	②出口开具专用缴款书预缴税额	29		—	—	—
	③本期缴纳上期应纳税额	30				
	④本期缴纳欠缴税额	31				
	期末未缴税额（多缴为负数）	32=24+25+26−27				
	其中：欠缴税额（≥0）	33=25+26−27		—		—
	本期应补（退）税额	34=24−28−29		—		—
	即征即退实际退税额	35	—	—		
	期初未缴查补税额	36			—	—
	本期入库查补税额	37			—	—
	期末未缴查补税额	38=16+22+36−37			—	—

【注】会计主管业务。

任务二　企业所得税计算与申报

根据12月份经济业务以及背景资料申报2018年度企业所得税（第一季度至第三季度已预缴所得税：207000.00元）。损益类账户发生额表如表5-2所示，企业所得税年度纳税申报表如表5-3所示。

表5-2　损益类账户发生额表

2018年11月30日　　　　金额单位：元

账户名称	1—11月累计发生额	
主营业务收入		22433826.56
其他业务收入		
投资收益		1333500.81
公允价值变动损益		
营业外收入		15000.00
主营业务成本	10968948.00	
其他业务成本		
税金及附加	292213.00	
销售费用	1702341.00	
管理费用	3576280.50	
财务费用	114290.77	
资产减值损失		
营业外支出	18000.00	
所得税		

【注】会计主管业务。

表 5-3 企业所得税年度纳税申报表（A 类）(A100000)

纳税人识别号： 纳税人名称：

所属时期： 至 填表日期： 金额单位：元（列至角分）

行次	类别	项目	金额
1	利润总额计算	一、营业收入（填写 A101010\101020\103000）	
2		减：营业成本（填写 A102010\102020\103000）	
3		减：税金及附加	
4		减：销售费用（填写 A104000）	
5		减：管理费用（填写 A104000）	
6		减：财务费用（填写 A104000）	
7		减：资产减值损失	
8		加：公允价值变动收益	
9		加：投资收益	
10		二、营业利润（1−2−3−4−5−6−7+8+9）	
11		加：营业外收入（填写 A101010\101020\103000）	
12		减：营业外支出（填写 A102010\102020\103000）	
13		三、利润总额（10+11−12）	
14	应纳税所得额计算	减：境外所得（填写 A108010）	
15		加：纳税调整增加额（填写 A105000）	
16		减：纳税调整减少额（填写 A105000）	
17		减：免税、减计收入及加计扣除（填写 A107010）	
18		加：境外应税所得抵减境内亏损（填写 A108000）	
19		四、纳税调整后所得（13−14+15−16−17+18）	
20		减：所得减免（填写 A107020）	
21		减：弥补以前年度亏损（填写 A106000）	
22		减：抵扣应纳税所得额（填写 A107030）	
23		五、应纳税所得额（19−20−21−22）	
24	应纳税额计算	税率（25%）	
25		六、应纳所得税额（23×24）	
26		减：减免所得税额（填写 A107040）	
27		减：抵免所得税额（填写 A107050）	
28		七、应纳税额（25−26−27）	
29		加：境外所得应纳所得税额（填写 A108000）	
30		减：境外所得抵免所得税额（填写 A108000）	
31		八、实际应纳所得税额（28+29−30）	
32		减：本年累计实际已缴纳的所得税额	
33		九、本年应补（退）所得税额（31−32）	
34		其中：总机构分摊本年应补（退）所得税额（填写 A109000）	
35		财政集中分配本年应补（退）所得税额（填写 A109000）	
36		总机构主体生产经营部门分摊本年应补（退）所得税额（填写 A109000）	

任务三　地方税（费）计算与申报

请编制2018年12月份“地方税（费）综合申报表（简表）”。编制地方税（费）综合申报表如表5-4所示。

表5-4　内蒙古地方税（费）综合申报表

填报日期：　　年　　月　　日　　　　金额单位：人民币元

纳税人编码			纳税人名称				
地址		邮政编码		业别		经济性质	
开户银行		银行账号				电话	
管理分局		管理科				专管员	
税种登记情况	1、企业所得税☐　2、个人所得税☐　3、资源税☐　4、土地增值税☐　5、房产税☑　6、城镇土地使用税☑ 7、车船使用税☑　8、城市维护建设税☑　9、印花税☐　10、屠宰税☐　11、煤炭水资源补偿费☐ 12、文化事业建设费☐ 13、河道工程维护管理费☐　14、林业建设基金☐　15、价格调控基金☐ 16、残疾人就业保障金☐　17、教育费附加☑ 18、地方教育附加☑　（税种登记表中由税务机关填写的部分）						

税（费）种	项目	税（费）款所属时间	计税（费）依据或课税（费）数量	税（费）率或单位税（费）额	本期应纳税（费）额	累计欠缴或已缴税（费）额	减免税（费）额	本期应纳税（费）额合计
城建税	增值税	20181201-20181231						
教育费附加	增值税	20181201-20181231						
地方教育附加	增值税	20181201-20181231						
房产税	办公用房	20181201-20181231						
土地使用税	内蒙古（四级土地）	20181201-20181231						
车船税	乘用车[1.0升～1.6升（含）]	20181201-20181231						
车船税	商用车（货车）	20181201-20181231						

项目六

管理会计

任务一　预算管理

一、编制销售预算

ABC 公司编制 2018 年的销售预算，销售的预计资料如表 6-1 所示。

表 6-1　销售预算表

季度	一	二	三	四	全年
预计销售量（件）	100	150	200	180	630
预计单位售价（元）	200	200	200	200	200

预计企业每季度销售收入中，本季度收到现金 60%，另外的 40% 现金要到下季度才能收到，2017 年年末的应收账款金额为 6200 元。

要求：

（1）根据上述资料编制 ABC 公司 2018 年度销售预算（表 6-2）。

（2）计算企业 2018 年年末应收账款数额。

表 6-2　2018 年度销售预算表

季度	一	二	三	四	全年
预计销售量（件）					
预计单位售价					
销售收入					
预计现金收入	—	—	—	—	—
上年应收账款					
第一季度					
第二季度					
第三季度					
第四季度					
现金收入合计					

二、编制现金预算

ABC 公司 2018 年年末的长期借款余额为 12000 万元，短期借款余额为零。该公司的最

佳现金持有量为500万元，如果资金不足，可向银行借款。假设：银行要求借款的金额是100万元的倍数，而偿还本金的金额是10万元的倍数；新增借款发生在季度期初，偿还借款本金发生在季度期末，先偿还短期借款；借款利息按季度平均计提，并在季度期末偿还。

ABC公司编制了2019年分季度的现金预算，部分信息如表6-3所示。

表6-3 ABC公司2019年现金预算的部分信息 单位：万元

季度	一	二	三	四
现金余缺	−7500	(C)	×	−450
长期借款	6000	0	5000	0
短期借款	2600	0	0	(E)
偿还短期借款	0	1450	1150	0
偿还短期借款利息（年利率8%）	52	(B)	(D)	×
偿还长期借款利息（年利率12%）	540	540	×	690
期末现金余额	(A)	503	×	×

注：表中“×”表示省略的数据。

要求：确定上表中英文字母代表的数值。

三、编制预计资产负债表

ABC公司在2018年第4季度按照定期预算法编制2019年度的预算，部分资料如下：

资料一：2019年1—4月的预计销售额分别为600万元、1000万元、650万元和750万元。

资料二：公司的目标现金余额为50万元，经测算，2019年3月月末预计“现金余缺”为30万元，公司计划采用短期借款的方式解决资金短缺。

资料三：预计2019年1—3月净利润为90万元，没有进行股利分配。

资料四：假设公司每月销售额于当月收回20%，下月收回70%，其余10%将于第三个月收回；公司当月原材料金额相当于次月全月销售额的60%，购货款于次月一次付清；公司第1、2月份短期借款没有变化。

资料五：公司2019年3月31日的预计资产负债表（简表）如表6-4所示。

表6-4 ABC公司2019年3月31日的预计资产负债表（简表） 单位：万元

资产	年初余额	月末余额	负债与股东权益	年初余额	月末余额
现金	50	(A)	短期借款	612	(C)
应收账款	530	(B)	应付账款	360	(D)
存货	545	*	长期负债	450	*
固定资产净额	1836	*	股东权益	1539	(E)
资产总计	2961	*	负债与股东权益总计	2961	*

注：表内的“*”为省略的数值。

要求：确定表格中字母所代表的数值。

任务二 投融资管理

一、固定资产更新决策

1. ABC公司为生产A产品于5年前购入一台设备，目前准备用一台新设备替换这台旧设备，该公司资本成本率为8%，适用的所得税税率为25%。要求：计算新、旧设备的净现值，并在下列各表的空格中填入正确数字（计算结果保留两位小数）。其中，新旧设备资料表、现值系数表、新设备营业现金流量计算表、旧设备营业现金流量计算表，分别如表6-5～表6-8所示。

表6-5 新旧设备资料表

单元：元

项目	旧设备	新设备
原价	1200000.00	750000.00
使用年限	10年	5年
已使用年限	5年	0年
尚可使用年限	5年	5年
年折旧额（直线法）	120000.00	144000.00
目前变现价值	680000.00	750000.00
最终残值	0.00	30000.00

表6-6 现值系数表

年份	1	2	3	4	5
（P/F,8%,n）	0.9259	0.8573	0.7938	0.7350	0.6806
（P/A,8%,n）	0.9259	1.7833	2.5771	3.3121	3.9927

表6-7 新设备营业现金流量计算表

单位：元

年份	0	1	2	3	4	5
投资额	750000.00	—	—	—	—	—
营业收入	—	600000.00	570000.00	540000.00	510000.00	480000.00
经营成本	—	110000.00	96000.00	91000.00	88000.00	81000.00
年折旧额	—	144000.00	144000.00	144000.00	144000.00	144000.00
营业利润	—					
所得税	—					
税后营业利润	—					
最终残值	—	—	—	—	—	30000.00
现金净流量						
净现值						

表 6-8　旧设备营业现金流量计算表

单位：元

年份	0	1	2	3	4	5
变现价值	680000.00	—	—	—	—	—
变现净收益所得税		—	—	—	—	—
营业收入	—	510000.00	490000.00	460000.00	430000.00	390000.00
经营成本		114750.00	110250.00	103500.00	96750.00	87750.00
年折旧额	—	120000.00	120000.00	120000.00	120000.00	120000.00
营业利润	—					
所得税	—					
税后营业利润	—					
最终残值	—	—	—	—	—	0.00
现金净流量						
净现值						

2. 承上题，该设备是否需要更新，请在下列选项中选择正确答案。

A. 应该更新设备

B. 不应更新设备，应继续使用旧设备

二、资本结构优化决策

ABC 公司目前资本结构为：总资本 1000 万元，其中债务资金 400 万元（年利息 40 万元）；普通股资本 600 万元（600 万股，面值 1 元，市价 5 元）。企业由于有一个较好的新投资项目，需要追加筹资 300 万元，有以下两种筹资方案。

甲方案：增发普通股 100 万股，每股发行价 3 元。

乙方案：向银行取得长期借款 300 万元，利息率 16%。

根据财务人员测算，追加筹资后销售额可望达到 1200 万元，变动成本率 60%，固定成本为 200 万元，所得税税率 20%，不考虑筹资费用因素。

要求：

（1）计算每股收益无差别点；

（2）计算分析两个方案处于每股收益无差别点时的每股收益，并指出其特点；

（3）根据财务人员有关追加筹资后的预测，帮助企业进行决策；

（4）根据财务人员有关追加筹资后的预测，分别计算利用两种筹资方式的每股收益为多少。

任务三　成本管理

一、本量利分析

ABC 企业的盈亏平衡背景资料如表 6-9 所示。

表 6-9　盈亏平衡背景资料　　单位：元

变动成本总额	80000.00
单位变动成本（元 / 件）	8.00
变动成本率	0.40
营业利润	24000.00

要求：根据盈亏平衡背景资料，完成盈亏平衡计算表（表 6-10）。

表 6-10　盈亏平衡计算表

销售量		固定成本	
销售单价		保本销售量	
销售收入		保本销售额	
单位边际贡献			

二、标准成本控制与分析

ABC 公司本月 A 产品实际生产产量为 810 个，请根据背景资料计算各项差异。其中，A 产品标准成本表、A 产品实际成本表、A 产品成本差异分析表分别如表 6-11 ～表 6-13 所示。

表 6-11　A 产品标准成本表

2018 年 12 月 31 日

项目	单位标准用量	标准价格	单位标准人工工时	标准工资率	单位标准工时	标准分配率
直接材料	0.12 吨	6000 元 / 吨				
直接人工			6 小时 / 个	25 元 / 小时		
变动制造费用					6 小时 / 个	5 元 / 小时

表 6-12　A 产品实际成本表

2018 年 12 月 31 日

项目	实际用量	实际价格	实际人工工时	实际工资率	实际工时	实际分配率
直接材料	89.5 吨	6229 元 / 吨				
直接人工			4224 小时	26.27 元 / 小时		
变动制造费用					4224 小时	4.64 元 / 小时

表 6-13　A 产品成本差异分析表

2018 年 12 月 31 日　　单位：元

差异项目	差异金额
直接材料用量差异	
直接材料价格差异	
直接人工效率差异	
直接人工工资率差异	
变动制造费用效率差异	
变动制造费用耗费差异	

参考文献

[1] 董京原．会计综合实训．第 2 版．北京：高等教育出版社，2017.
[2] 回晓敏，王岩．会计综合实训．北京：高等教育出版社，2017.
[3] 施海丽，胡红菊，陶淑贞．会计综合实训．第 2 版．北京：高等教育出版社，2017.
[4] 孙万军．会计综合实训．第 3 版．北京：高等教育出版社，2017.
[5] 任延冬，朗东梅．新编会计综合实训．第 6 版．大连：大连理工大学出版社，2014.